El Despertar de la Guerrera

El Despertar de la
Guerrera

CHAMALÙ

encuentro

EL LIBRO MUERE CUANDO LO FOTOCOPIAN

El despertar de la guerrera

Coordinación editorial:
Danú Hernández
Diseño de portada y formación:
Julieta Bracho • estudio jamaica
Ilustración:
Sergio Jamica • estudio jamaica

© 2019 Editorial Pax México, Librería Carlos Cesarman, S.A.
Av. Cuauhtémoc 1430
Col. Santa Cruz Atoyac
México DF 03310
Tel. 5605 7677
www.editorialpax.com

Primera edición
ISBN: 978-607-9472-65-8
Reservados todos los derechos
Impreso en México / *Printed in Mexico*

Introducción

El primer deber de la mujer es despertarse y, a continuación, despertar a su guerrera. Es tarde, el rumor del despertar se expande, la canción de la rebeldía se canta en diversos idiomas, aglomeraciones de gemidos revientan cadenas que oprimían, la vida se muestra efervescente desde que se despierta. Este no es un libro, es el acta de rebeldía existencial de la mujer valiente; quiero mostrarte un camino diferente en la vida, recordarte que tu mejor protección es convertirte en guerrera, advertirte que si no te amas incondicionalmente nada podrá ayudarte, sugerirte que no seas rehén del miedo ni esclava de la falsa belleza.

Si guardaste silencio al pie de la negligencia, si permitiste que surcaran amenazas sobre el cielo de tu soberanía, si te negaste a escuchar el traqueteo de cadenas de dependencia e interrumpiste lo que soñabas ser, no te sientas culpable. Si desde hoy decides valorarte, nadie, nunca más, podrá despreciarte. Es verdad que el machismo es la estupidez por más tiempo aceptada; en ese escenario y sin importar quien lo cuestione, pon de pie tu rebeldía, apúntate a la disidencia, apártate del rebaño que apacienta su conformismo y no permitas que nada, nunca más, se interponga entre tú y la vida. ¿Por qué usar tus alas para arrastrarte si puedes volar?

Los operarios de la infelicidad eligen a las más indecisas; se fabrican nuevas necesidades, se imprimen miedos renovados. Ninguna alarma se activa cuando otra mujer queda dormida, muchas se deslizan en silencio por las calles del presente y sonríen; las apariencias de bienestar sólo son formas educadas de sufrimiento, no le quites años a tu rostro para disimular el sinsentido; dale vida a tu cuerpo. Tampoco confundas belleza con apariencia, tu vida es tu testimonio... ¿Qué estás contándole al mundo?

Que no maten a la niña que llevas dentro, presérvala hasta la tercera edad. Ama sin enamorarte, así te vacunas contra la manipulación; que no te devoren en nombre del amor. No olvides que la mujer sumisa es cómplice de quien la oprime. Imprescindible ser tú, pero lo mejor de ti. La mujer que sólo concibe hijos y no ideas ni iniciativas, nunca será una buena madre; ¿quieres un hombre a tu lado?..., ¿para qué? Depende de tu respuesta para saber lo que encontrarás.

Hay mujeres que no comprenden lo que está sucediendo en esto que llamamos vida y se lanzan a la calle sin prepararse, la asfaltan de rutina y se conforman con menudencias. Desconfía del que te ofrece todo, porque la vida plena autogenerada es la esencia del despertar de la guerrera.

Ser infeliz es el peor deporte y, aunque esté visto como normal, es extraño tiempo muerto donde la vida se detiene y el aliento contenido revela existencias terminales. A quien sólo se preocupa por el cuerpo se le pudre el alma. Sospecho que la mujer que no quiere despertar se cambió de género. Recuerda esto: la mujer no fue hecha para el hombre, tiene que hacerse a pesar de él; sin embargo, no necesitas odiar al hombre, con que sepas manejarlo para evitar heridas e interferencias es suficiente.

No necesites, pero haz que te necesiten, eso es valorarse. Lo que nunca has tenido es lo que mereces; si quieres encontrar algo diferente comienza por serlo y, a continuación, empieza a construirlo. En la actualidad se trata de liberar a los opresores de sí mismos (ni siquiera saben que el machismo es antimasculino). También debes admitir que la fragilidad física es irrelevante, que la fragilidad emocional, en el fondo, no es femenina; en cambio, el orgasmo es el premio que otorga la naturaleza a la mujer que superó el miedo de ser mujer.

Darse cuenta de todo, de eso se trata *El Despertar de la Guerrera*, porque la felicidad que viene de al lado siempre será sospechosa. La propuesta es: "elegir la felicidad que viene de adentro". Si te alimentas bien y te prohíbes la represión, si te declaras feliz y eliges el amor como tu estilo de vida, entonces podrás sentirte bien en tu cuerpo que tu alma estará cantando. Este libro está reservado para las mujeres que están dispuestas a todo y, para empezar, que están dispuestas a hacerse cargo de su vida e ir por ella dejando huellas de luz. ¿Te atreves?

CHAMALÚ

Tan pronto como la mujer descubre su auténtica naturaleza se obsesiona con la vida en su versión plena. Entonces, asciende su energía mientras profundiza el instante; los recuerdos de su vida anterior, esa danza de sumisión y resignación, se tornan periféricos, poco a poco comienza a reintegrarse en lo universal. En la intimidad de su alma dialoga con su inocencia, una sed de autenticidad se apodera de su intención; un presentimiento, a manera de un designio, se convierte en sospecha y luego en decisión definitiva: recuperar el sentido de la vida para despertar a la existencia y, con ello, posibilitar el nacimiento de la guerrera. Basta de caminar desprotegida, es hora de desechar lo que no te pertenece, de abolir la insatisfacción crónica y forjar nuevas huellas, esas que permitirán a otras mujeres identificarte. Te propongo que desde hoy te sitúes en la intersección entre la creación y el valor, así podrás reconstruirte sin remordimiento. Recuerda que tu transformación exaltará tu belleza —esa que no se desgasta con el paso del tiempo—, acrecentará tu lucidez y recuperará tu intuición, invisible asesora que incinera indecisiones y desnuda prejuicios. De momento, quiero darte la bienvenida a esta cita donde la insumisión es la anfitriona y el amor el contexto. Si hasta este momento te acompaña algún antiguo temor, te propongo enfrentarlo ahora mismo, agarrarlo de los cuatro lados, doblarlo cuidadosamente y lanzarlo por la ventana que cada momento posee. Esto será simultáneamente una peregrinación iniciática, un ritual multidimensional y una fiesta interminable, inaugurando la zona sagrada de tu cuerpo, parcela que recibiste del universo para cultivar tu evolución.

La palabra de la guerrera y ella son lo mismo. Su intención usa de manera rigurosa la emoción adecuada, su acción es plena, su huella pura magia inspiradora, el silencio es la bufanda transparente con la que se envuelve a veces, para que tomen la palabra con frecuencia los que no tienen nada que decir. Cuando la mujer se despierta nace la guerrera, la que detesta perder su energía, la que maneja su tiempo con impecabilidad, la que hace lo que ama o ama lo que hace, llevando esto a tal punto que se convierte en lo que hace. Es guerrera la que cincela lo básico, lo bruto, lo dormido, hasta convertirlo en una obra de arte. Es guerrera la que empuña la espada del amor y el escudo del humor, desde el cual puede aprender o reírse de lo que a la mujer dormida le genera sufrimiento. Es guerrera la mujer que tiene la alerta despierta y las lágrimas desactualizadas, el valor deshojado y la libertad trepando todas las prohibiciones.

A menudo se relaciona el paraíso con un incierto más allá. En verdad, el paraíso comienza con la mujer despierta que activa su guerrera e inaugura la zona del placer, reservado para quienes constataron que la vida es otra cosa. Ser guerrera es la prueba de fuego que toda mujer debe atravesar durante la caminata iniciática llamada vida. Dominar el fuego es aprender a manejar la energía, a incinerar los temores, a fabricar sueños perfumados de otras realidades que también están aquí; es ir por el mundo dejando huellas de magia, pintar de azul las nubes y estrellitas en la frente, para no olvidar que más allá de las adversidades, el sol del conocimiento continúa brillando. La verdadera mujer es guerrera, porque se fortalece con las adversidades, porque aprendió a danzar con los problemas, porque enciende la luz de su sabiduría ancestral y disipa la oscuridad de la ignorancia, allá donde se esconden las cucarachas, los miedos y otras alimañas.

El paraíso sólo está reservado para quienes infringieron en el acierto de despertarse y redescubrir su guerrera interior. Es hora de partir, deja el cementerio atrás, asómate por la ventana del atrevimiento, date cuenta que por la calle está pasando tu vida mientras tú permaneces recluida, los paraísos no vienen en paracaídas ni los transportan príncipes azules. ¿Sabías que la monarquía de la apariencia fue abolida y sólo se preserva la aristocracia del conocimiento, ese estatus cósmico que admite a seres con la sabiduría y sensibilidad necesaria como para darse cuenta que no es suficiente el deseo, ni higiénica la resignación? El paraíso es un estado de consciencia al cual la mujer despierta, llega naturalmente por la vía del autoconocimiento empedrado de voluntad, creatividad, valor, humildad, reverencia y esa dignidad expresada en respeto a sí misma, a lo que de verdad viniste a realizar en la vida.

La mujer despierta

sabe que el placer es medicina. Sabe que la inmensidad está en ella, que la eternidad cabe en un instante bien vivido, que el oleaje de las circunstancias no le afecta desde que su consciencia está despierta. Sabe también que la carencia de placer presenta síntomas similares a la enfermedad, que la vida es en el fondo sinfonía con diversa música, reservada para quienes están dispuestos a danzar. La mujer despierta sabe que su libertad es la más alta expresión de su existencia, que su cuerpo pertenece a la vida y su vida al universo que juega mediante ella a evolucionar. Sabe que es imprescindible ser feliz y que ese bienestar es la expresión estética que precisa su alma, está consciente que cada día es una insurrección de instantes, dispuestos a revolucionar su paso por la tierra.

No habita nadie en la mujer dormida. Esparcidos sus *ajayus*, su cuerpo deambulará vacío, carente de sentido, sin gobierno de su mente ni rumbo para sus emociones, lo antiestético de su infelicidad nace ahí. El sufrimiento elegido como estilo de vida normalizado enferma sus células, que más temprano que tarde se desequilibran; quien vive en la orilla de la vida no alcanza a escuchar los latidos existenciales de esta fugaz visita a la tierra. Es probable que esta sea la oportunidad que estabas esperando, sólo precisas poner de pie tu entusiasmo, mirar las cosas desde varios ángulos, cada situación requiere una mirada diferente y el mismo fervor de aprendizaje. Tómate tu tiempo para tomar una posición, decide lentamente pero actúa con rapidez.

La mejor venganza es el amor, en realidad es la única recomendable. Tu mejor arma es tu propio cuerpo, simultáneamente es tu zona sagrada, la matriz energética desde donde fluye el caudal de fuerza que tienes. Tu cuerpo es tu altar, la página de existencia que viniste a escribir vivencialmente, la parcela del universo para reafirmar, el arroyo que extraña el mar de la unicidad, porque al despertar constatarás que todo es uno y todo está vivo. El tiempo ya está bastante alto, la esquina de tu vida vio pasar a la niña que eras hace tiempo, preserva la inocencia, desengancha tu libertad de cualquier miedo y atadura. A veces el fin justifica los miedos, sólo a veces, cuando se trata de despertar, de reconstruir las alas y cumplir el propósito existencial de estar en la tierra.

La mujer que no se compromete con la vida, trafica su existencia y deambula por el oscuro callejón del sinsentido, sin protección invisible y con una vibración al nivel de lo más denso. Es una vida parada en la calzada, con olor a podrido y varios metros de rutina cotidiana; sin embargo, nunca es demasiado tarde cuando el optimismo se pone de pie y el fervor de crecimiento se convierte en ti. La mejor manera de cambiar es cambiar, el mejor tiempo para hacerlo es ahora, un ahora elegido cuidadosamente, con formas artísticas y detalles metódicamente organizados para pasar desapercibido al principio y para llamar la atención en un segundo momento; recuerda que lo sutil es siempre más fuerte que la fuerza bruta y que casi todos los hombres tienen una gran debilidad por las mujeres, tan grande como el desconocimiento de ellas.

Permite que tu niña interior, en un contexto meditativo, dialogue con tu abuela interna y que el ímpetu de la primavera juvenil se fusione con la experiencia del adulto verano, todas ellas eres tú y también la que podría nacer en ti. Quizá tengas que camuflarte al principio, incluso dejar huellas falsas, no es deshonestidad sino sólo esperar el momento justo, así como para dar a luz, tú sabes, el nacimiento antes de tiempo se llama aborto. Al principio no estarás preparada para soportar incomprensiones y otras adversidades, primero es preciso hacerse fuerte, acumular conocimiento, identificar tus fortalezas, conocer tus puntos débiles. Comenzar a transformarte puede en principio ser una batalla, por ello precisas construir una guerrera forjando tu felicidad.

La mujer guerrera se construye en el combate cotidiano por la vida plena. Ella emerge de la ruptura con lo convencional, por la grieta que produce al sistema, con su rebeldía y disidencia germina espontáneamente su autenticidad. Permanece atenta al silencio y este le susurra secretos de otros tiempos aclimatados al presente, se apasiona desapegadamente por la vida, transporta grandes sueños y muchas expectativas, más no depende de ellas para disfrutar la vida; sabe defenderse, sabe prevenir, sabe anticiparse, sabe usar el asesor invisible de la intuición, parlante multidimensional desde el cual las abuelas le hablan. Está consciente que malgastar su energía es hemorragia desvitalizante; por sus ojos alertas, en las noches respectivas, bebe la luz de la luna en círculos femeninos, mientras la danza se apodera de su cuerpo y el canto esculpe un silencio ancestral.

Hubo una época en la cual la mujer estaba dormida prisionera del miedo, adicta al consumismo, traficando vacíos, cultivando sinsentidos. Hubo una época de zombis disfrazados de mujeres sumisas y resignadas, incapaces de poner de pie su punto de vista, sobrevivían relegadas a roles secundarios, en los cuales estaba garantizada su ignorancia mientras su cuerpo era castigado con la represión. Ese tiempo fue interrumpido bruscamente por la mujer que luego de sospechar que la vida es otra cosa, se atrevió a dudar de lo que le contaron y, poniéndose las botas del inconformismo, salió a la calle y se fue en contravía llevando en su bolso innumerables preguntas y una consigna entonada a coro por todas sus células: "nunca más víctima".

El vecino está pendiente, la familia está preocupada, la opinión pública vive cerca, si te declaras feliz, saca tu paraguas porque te lloverán críticas, mientras los rumores correrán en torno tuyo, agarrándose la cabeza. Si quieren, que pinten fosforescentes las calumnias y cuestionen tu insubordinación, el fin justifica los medios, a veces, pero siempre cuando se trata de recuperar tu vida, de tomar las riendas de tu existencia, después de asegurarte que está en buenas manos. Los derechos se toman, no se mendigan, el poder se arranca y ejerce; pon énfasis en tu interior. El horror de este tiempo son las oleadas de mujeres infelices, conducidas dócilmente al abismo de la mediocridad y el sinsentido. No vuelvas a soportar lo insoportable.

En una época de mediocridad existencial, en un tiempo en que el tedio recomienda militar en la banalidad, atreverse a reflexionar, a repensarse, a pensar incluso en contra de ti misma, resulta fundamental. Conoce tus debilidades, después de asumirlas, trabájalas. No necesitas hacer públicas tus falencias, si quieren atacarte que no sea fácil, la actividad del espíritu se profundiza en silencio; la mujer llena de soberbia es enemiga de sí misma. Cállate y haz lo que tienes que hacer, no amarres tu libertad a ningún dogma y cuando salgas a la calle lleva toda tu espontaneidad, porque ella invitará a tu belleza interior, única respetada por el paso del tiempo. Glorifica tu vida a tu manera, eres niña y abuela, eres el agua que adquiere la forma de la circunstancia en que se encuentra, mas nunca pierdas tu esencia.

Busca tu estrella, amasa tu infinito, saborea la eternidad en cada instante plenamente vivido, recuerda que estás fabricada con el mismo material de las estrellas. Tu condición de mujer implica algunos deberes: el deber de ir por la vida repartiendo la magia del amor, el deber de tener la paz como tu único equipaje, el deber de ser tú misma, pero la mejor parte de ti; el deber de ser feliz para no dar mal ejemplo a las demás, el deber de recuperar tu sensibilidad, el deber de ser libre reduciendo tus necesidades, el deber de ejercer tu poder y volverte imperturbable, el deber de ser experta en conservar tu salud y especializarte en renunciar para vacunarte contra apegos y otras estupideces y, fundamentalmente, el deber de comprender y encarnar tu misión, donde se juega tu evolución.

Ahora, en este preciso momento, muchas mujeres están despertando, renunciando a la infelicidad, atributo de fósiles. No es suficiente tener la intención, tampoco basta ser buena persona, te prefiero inteligente, lúcida, valiente, convertida en anfibio, habitando dos o más mundos. Vivir es buscarse, es intercambiar energía con el otro, es fusionarse con la madre tierra, recordar lo que tus cuerpos ya saben. Vivir es exterminar los miedos, golpear la rutina, vestirse de valor y sin cerrar los ojos, hacer lo que tienes que hacer, pase lo que pase y pese a quien le pese. Vivir es un arte sagrado al que la mujer se inicia cuando se despierta, entonces la plenitud le conquista y las adversidades le fortalecen. Ser guerrera es un ritual cotidiano, un deporte extremo, sólo apto para valientes.

La mujer sumisa es un mal ejemplo para las demás, al igual que la mujer que no dice: "me voy de casa", cuando el escenario es insoportable y su evolución queda hipotecada. Ten fe en la vida, la vida eres tú. Admite que estás condenada a ser feliz, ese es el primer paso; el segundo, será el aprendizaje del amor incondicional reservado para felices. Adaptarse en muchos casos es una mala palabra, un acto obsceno que maltrata el alma femenina, no te adaptes; sin embargo, no te precipites, prepara cuidadosamente el arsenal de tu transformación y, cuando esté todo listo, acumula toda tu creatividad, recuerda, no es contra alguien, es a favor de la vida, al final es lo único que tienes. Y cuando llegue ese día, atraviesa todos tus miedos y declárate feliz, esa es la ruta segura para encontrar tu vida.

Abre la puerta del misterio para sentir la vida de cuerpo entero, no importa el asedio de la incomprensión; deja sentada a tu reflexión, pon de pie a tu entusiasmo, libera tu libertad y sal corriendo a la calle a patear todas las prohibiciones que ayer te dañaron. La guerrera declara la guerra a la violencia, recuerda que en tu centro, al que llegas por la vía del alerta sereno, existe un manantial de paz desde donde fluyen inagotables ríos de serenidades y otras fluideces, desde las cuales podrás convertir tu vida en una fiesta de crecimiento y creación.

La ignorancia es ruidosa, sin embargo, la luz es la sombra del alma despierta. Para cumplir tu misión, el requisito es ser tú misma, al otro lado de la vida el vacío amenaza con el sinsentido.

Casi todas las mujeres fueron entrenadas para la infelicidad y otros sufrimientos, casi todas las mujeres aprendieron que la felicidad es imposible, que el amor es un riesgo no recomendable, que la libertad es peligrosa, que la paz es inalcanzable y la enfermedad inevitable. Ese programa, por razones de táctica existencial, debe ser descartado con urgencia, las mujeres tienen que hablar estos detalles que nublan vidas y acosan espontaneidades. La infelicidad es una enfermedad inducida, la enfermedad es fabricada, la represión es una patología, el consumismo una adicción para atrapar ingenuas, el miedo la estrategia de manipulación predilecta. Todas las mujeres que juntan corazón con razón convierten la oruga en mariposa e inauguran vuelos multidimensionales.

La rebeldía es herramienta de liberación consciencial, es urgente rebelarse. La mujer está condenada a ser feliz, porque ella retransmite la vida; vivir es un arte y una ceremonia, el placer es la medicina que recompensa la acción plena. La mujer guerrera está siempre alerta, porque ser guerrera es una actitud ante la vida. Ten la apariencia adecuada para cada circunstancia, deslumbra cuando toca llamar la atención, pasa desapercibida cuando corresponde, ten siempre tus objetivos claros, tus maneras elegidas y tu capacidad de improvisar intacta. En el bosque de la vida huele, escucha, saborea, observa los detalles, acaricia los instantes; el flujo de la vida te requiere entera, total, disponible, desnuda de prejuicios, instalada en el departamento del presente y con una pantera en el umbral.

Aun a riesgo de tu vida, quítate todas las máscaras y profana todas las prohibiciones, si detectas un represor cerca toca su emoción para neutralizar su razón y de esa manera debilitarlo. Identifica las zonas vulnerables de quien vulnera tu libertad, la vida no quiere más mártires, el universo está sorprendido al contemplar tantas mujeres orgullosas de tener un verdugo guapo. No te hablo de una ficción, romper cadenas y enfrentar miedos más que un derecho es un deber; sin víctima no hay verdugo, sin verdugo no hay herida, sin herida no hace falta el perdón ni las terapias. Impenetrable es la soberanía existencial de la mujer que toma las riendas de su vida en sus manos y recorre, confiando en ella misma, todos los resquicios de esta oportunidad vivencial deletreando todas las opciones de vivir, creciendo y disfrutando.

La libertad en la mujer es requisito indispensable para su despertar. La vida tiene que emocionarte y comprometerte a tal punto, que tengas el valor de colgar en la pared prejuicios, represiones, temores y otras herramientas de tortura, asiduamente usadas en épocas machistas, donde el hombre impone una supuesta superioridad, impidiendo a la mujer que sea ella misma y entrenándole para ser su propia represora. En el dormitorio del fondo, a la derecha, duerme la mujer que aún no ha despertado, en su boca fue instalada una cremallera y su libertad carece de alas, por zapatos usa complejos y está vestida de riguroso miedo, además de un corsé que aprisiona su capacidad de amar. La libertad palidece y muere de anorexia cuando es custodiada por el qué dirán de los demás. Recuérdalo: la vida está en otra parte.

Vive la vida como una aventura, acepta la inseguridad, hasta podrías hacerte amiga de ella; confía en ti, pruébate con frecuencia, usa las adversidades para hacerte fuerte. En principio, cualquier compañía te sirve, pero sólo temporalmente, las parejas inadecuadas son útiles para hacerse fuerte, para ampliar la paciencia y trabajarse la fluidez, que luego se convertirá en imperturbabilidad. También podrás trabajar el amor incondicional, el humor y la creatividad. Deja que él se sacrifique por ti enseñándote lo que no se debe hacer y, cuando sea el momento justo, regálale tu ausencia. Que tu consciencia te asesore y tu intuición te guíe; date tiempo para ti, para amasar tu creatividad y vestir a tu libertad con la transparente ropa de la honestidad..., contigo misma.

El placer es el anzuelo para amar la vida y que ésta no se extinga sobre la tierra. El malestar no estaba contemplado, la infelicidad es apartarse del programa universal, el sufrimiento equivale a desafinar en la sinfonía cósmica. La mujer dormida se reduce a objeto decorativo, sexual o mano de obra no reconocida; la mujer dormida es leona convencida de ser oveja, atrapada en el rebaño de lo convencional, mientras insiste en comer la hierba del conformismo. Convoca el placer a tu vida, en principio, será medicina que curará antiguas heridas: "disfruto, luego existo", es el lema de la mujer despierta. En su agenda hay tiempo para disfrutar, ella sabe que la carencia de deleite debilita su sistema inmunológico. Intentarán desanimarte, sin embargo, conserva tu fuego e inicia el ritual de la vida plena.

La vida sirve a la belleza cuando la lucidez despierta y convoca a la guerrera, la bella durmiente pierde su encanto, el sinsentido afea su destino; si sabes cómo mantenerte atenta, serena, lúcida en cualquier circunstancia, habrás salvado tu vida, que comenzará cada día y serás respetada y amada, tanto como criticada y rechazada, es el precio, nada es gratis, la guerrera está dispuesta a pagarlo. Una sugerencia práctica: NUNCA salgas a la calle sin llevar tu alerta, tu entusiasmo y un ejemplar de este manual de supervivencia existencial. A veces, no se oye nada en el entorno, no significa que las cosas estén en paz, la envidia tiene pies ligeros y a menudo se acerca desapercibidamente. Prepárate solamente para todo y, a continuación, vive la vida plenamente, no hay nada que perder excepto la vida misma cuando no te atreves a tomarla en tus manos.

Hay algo que parece trivial, rutina cotidiana y, sin embargo, comienza con un majestuoso amanecer. Es la vida que te regalan cada día, es como que la eternidad se deja caer hasta ti y te gotean instantes para que los atrapes y conviertas en crecimiento y disfrute, y en actos solidarios que te harán crecer y disfrutar adicionalmente. Cuidado con hacer garabatos con tu vida. ¿Te das cuenta que hoy es el último día por hoy? ¿Que nunca más tendrás este día? ¿Que puedes hacer con tu vida tantas cosas, por ejemplo, dejar de usar cadenas y desplegar tus alas? Tu cuerpo, tu mirada, tu voz, tu palabra, tu presencia toda, son instrumentos de poder de gran efecto magnético cuando estás en tu centro. Quien no vive como sueña se extermina a sí misma, recuerda: tu vida no es cualquier cosa.

Harás de tu vida lo mejor que puedas, abrirás tu corazón y desplegarás tu mirada felina, reorganizarás tu tiempo en función de prioridades reales, tu crecimiento es una prioridad, una clave adicional: preserva tu inocencia, incluso podrías aderezarla con una pizca de timidez (mientras no te impida hacer lo que tienes que hacer, puedes usarla estratégicamente). El deber de la guerrera es atraer al hombre para influir en él, luego guiarlo y contribuir en su transformación; no se trata de edad ni de belleza física, es atracción energética, vibratoria, magnética. Ser mujer incluye el perfume del amor a la vida, de esa planta salvaje y sagrada que sólo crece en la orilla del límite, al borde del precipicio de la inseguridad, donde las orugas valientes se lanzan para convertirse en mariposas.

La guerrera crea su realidad, sabe lo que tiene que hacer y lo que debe evitar, tiene claros sus objetivos, rige su vida con principios. Se diferencia de las demás en que no compite, no gasta energía luchando con los otros; fluye, aprende, observa, disfruta, busca aliadas. Sabe que la mujer sola es más vulnerable, por lo que teje redes de afecto y confianza, clanes lunares que se reúnen en las noches de luna llena para cantar y danzar, para tomar baños de luna e intercambiar aprendizajes. Su memoria es una galería de arte donde sólo guarda buenos recuerdos, el resto, al inodoro, constantemente tira la cadena porque ella sólo vive el presente. Su mirada es dulce, sus manos se convierten en caricias, con frecuencia su fuerza permanece intacta, sus latidos no son malgastados.

La felicidad es la más alta expresión de la vida, es el terreno donde crece y florece el árbol sagrado del amor, sus frutos están reservados para quienes atrevieron a despertarse. La misión que tienes, convertida en estilo de vida, es tu manera de evolucionar, es personal e intransferible, lo contagioso es la alegría de vivir y algunas solidaridades para aclimatarlas al jardín de tu corazón. Otorga misterio a tu personalidad y un carácter confidencial a tu manera de crecer, el animal que no deja huellas, no es atrapable. Muévete con sigilo y seguridad por la selva patriarcal, que no te preocupen las opiniones ajenas, incluso podrías dar un toque de locura a tu vida, ahora que sabemos que la cordura resultó ser más peligrosa.

La grandeza de una civilización emana de la calidad de sus mujeres, de las despiertas; las otras aún no tienen el estatus de femeninas. Ser mujer no es cuestión anatómica o fisiológica, es un proceso iniciático, una peregrinación de retorno a la vida, éxtasis incluido. Recuperada tu sensibilidad, tu cuerpo deviene en oráculo y tus sueños nocturnos reveladores viajes a otros universos, ¿sabías que no eres terrestre? La guerrera no le hace culto al fenómeno ni le interesa el sensacionalismo, posee la sensibilidad estética que le hace dejar huellas de belleza por donde sea que se desplaza; su principal huella es la contagiante felicidad que transporta. La mujer despierta no quiere salir de los brazos de la vida, escenario sagrado donde un día le darán mensajes las abuelas invisibles.

Para la mujer despierta la vida significa mucho más que para las demás especies, por ello, convierte su pasión en intensidad existencial. La vida te ofrece una aventura multidimensional, un juego donde lo que menos importa es ganar o perder sino vivir, porque vivir es aprender, es crecer, es disfrutar e implícitamente evolucionar. El juego sagrado es el ritual del fuego, donde importa todo lo que hace, por ello, la impecabilidad es requisito fundamental. Toda mujer despierta es un milagro que camina. ¿Sabías que no viniste a ser comprendida, ni siquiera a ser amada?, tú viniste a jugar el juego cósmico de la evolución que incluye todo, sólo precisas aprender a vivir, declararte feliz es el primer paso. ¿Sabías que la felicidad es el paraíso que todos buscan en el lugar equivocado?

La mujer despierta necesita de cosas imposibles para acrecentar su creatividad, deja lo fácil para quienes están dormidas. La mujer guerrera manifiesta en todo momento, en lo pequeño y en lo grande, devoción absoluta a la vida; en todo lo que hace despliega su alerta sereno, además de ingenio y gran valentía. Evita quedar atrapada en creencias represivas, sabe cuándo pedir ayuda y le encanta hacer las cosas por ella misma, tiene claro que no precisa pedir permiso para vivir, para crecer y disfrutar. Mientras otros duermen, ella mantiene su lámpara encendida para convertir en pétalos azules los instantes vividos, es su forma de ir creciendo en sólido frenesí existencial, es su vida convertida en indetenible danza multidimensional.

Sin sentido de lo sagrado no hay acercamiento a la vida, sin tiempo para invertir en ti misma tus días podrían estar llenos de vacío, imagínate que ella te dice: ¡vive!, lo demás es secundario.

Si tienes que luchar por recuperar tu vida, no dudes en hacerlo, comienza graduándote de inconformista absoluta recordando que sin trabajo interior el poder enloquece. En realidad este mensaje es sólo para decirte que no seas una más de las que va por la vida con pedazos de sus sueños, resignada a una vida gris. ¿Sabías que la mujer despierta es el antídoto para el hombre dormido? Enciende tu fervor de crecimiento, pon la palma de tu mano sobre el pecho de tus últimos temores y empújalos para afuera, a continuación cierra la puerta y sumérgete en el presente, porque todo es uno, todo está vivo, todo está aquí, a tu alcance.

La mujer infeliz, domesticada, dormida, es una amenaza para las nuevas generaciones de mujeres, que podrían llegar a confundirse pensando que la vida es eso. Descarta la mascarada propuesta, renuncia al show del disimulo donde cada una participa mintiendo honestamente, descarta tu participación del concurso de apariencias, tener más no incrementa un gramo de conciencia. No se trata de hacer voto de pobreza, sino de aprender a vivir creciendo, ayudando y disfrutando. Observa cómo la gente camina por las calles, sonámbula, manejada a control remoto, casada con su trabajo, adicta al consumo, mientras su vida se consume intrascendentemente. Recuerda que el tiempo es decidido y no espera, un día llamará a tu puerta y tu partida será inevitable, con la rigidez reglamentaria. Ese día puede ser cualquier día. ¿Estás preparada?

La inocencia puede ser tu fortaleza, entonces podrás ser traviesa, intrépida, impredecible. Es la actitud y la vibración lo que cautiva, no la belleza física que rápidamente es quebrantada por el tiempo, elévate por encima de tu naturaleza, todo en ti debe deslumbrar. Muévete sin prisa ni pausa, todo tiene su ritmo, su tiempo, las maneras podrás inventarlas cuando sea necesario. La mayoría de las mujeres no eligen cómo vivir, se adaptan, entonces su vida se convierte en una canción sin letra, una elemental aglomeración de instantes estériles, las calles de su presente están cansadas de tanto sinsentido; adaptarse, en muchos casos es sinónimo de suicidarse. Sin embargo, cuando la mujer despierta se torna superior, poderosa, sutil, en ese punto ya no importan cuántos obstáculos encuentra en su camino, porque desarrolló la capacidad de fortalecerse con las adversidades.

El hilo conductor es la identidad, precisas recordar quién eres, en la comprensión de tu origen y tu destino podrás disfrutar de un presente pleno, enfocado en el cumplimiento de tu misión. Vive según tus ideales, no te preocupes por algunos efectos colaterales, asúmelos como el costo de tu transformación, la ganancia compensa con creces cualquier precio. Agradece la envidia, es señal que estás mejor que quienes la sienten; recuerda que toda emoción es volátil, sólo espera, el tiempo es la mejor solución para muchos problemas; sé amiga de silencio, se pueden hacer grandes cambios desapercibidamente, saber cuándo volverse invisible es un indicio de inteligencia. Si recuperas tu sensibilidad y tu poder, las próximas lágrimas serán de alegría y los temores quedarán de rodillas, antes de marcharse definitivamente.

Todas fueron educadas en un paradigma que oscila entre el miedo al rechazo y la necesidad de quedar bien. Está mal intentar quedar bien con todos, limítate a ser tú misma, cada vez más tú, lo mejor de ti. Rechaza el miedo al rechazo, recuerda que la mejor defensa es una actitud amorosa, recuerda también que la mujer dormida es esclava de sus instintos. ¿Quieres convertirte en guerrera? Recoge toda tu voluntad, tu valor y creatividad y sigue estas indicaciones, no siempre respetes las normas, en especial cuando éstas atentan contra la vida o la Madre Tierra. El machismo se alimenta de tu debilidad, el miedo de la víctima es la fortaleza del opresor; arriésgate a dar y recibir amor en el contexto conyugal, pero sin depender de nadie, es decir, une tu encanto a tu inteligencia y deja que el amor se haga cargo de tu vida.

Esta receta la aprendí de una abuela: confía en ti sin dejar de ser autocrítica, atrévete a todo lo que sea necesario, sin dejar de aprender de lo que pasa y preserva la serenidad, para conservar la lucidez y la capacidad de hacer lo que sea necesario de la manera precisa y en el momento justo. Niégate a no ser tú misma, ya sabes que la mujer sumisa es un insulto para las demás. Tu mirada penetrante, amorosa o sensual es parte de tu instrumental; muévete dentro de un plan, con objetivos claros y maneras cuidadosamente elegidas. Conviértete en una maestra en el arte de vivir, que tu vida sea una exageración de buenas noticias poblada de instantes multicolores. El sexto sentido es la intuición, el séptimo es el sentido de lo sagrado, el octavo, es el sentido del riesgo, imprescindible para vivir bien.

Permite que éstas enseñanzas transformen a la mujer que hay en ti. Me interesa que te vayas transformando, que te des por aludida, que ascienda la enseñanza para luego ahondar en tu esencia; por favor, no pierdas tu sentido del asombro y esa mirada inocente que te hace sospechosamente atractiva. El hombre se siente desarmado por la mujer que confía en sí misma. ¿Te animas a estudiar para ser maestra en el arte de vivir bien? Usa la palabra justa para mover las emociones precisas, sin embargo, cuando entres en acción no dejes huellas, no permitas que nadie sospeche de ti, aprovecha que ningún hombre puede comprender el mundo interior de la mujer. Observa cómo su impaciencia camina en torno tuyo, no esperes comprensión, limítate a hacer lo que tienes que hacer y deja los escombros en el botadero del olvido.

Podrá acrecentarse el oleaje del entorno, por él llegarán hasta ti los navíos de la crítica y la incomprensión, nada de ello debe influir tu decisión, tampoco la envidia ni las difamaciones, recuerda que la guerrera no se queja, aprovecha todo para crecer, ayudar o disfrutar. Las opciones son claras: ¿obediente y sumisa o rebelde y crítica? No seas esclava ni siquiera de tus habilidades. Si el mundo es más racional en la actualidad aprovecha eso a tu favor, aprende a manejar tus emociones y, luego, a manejar las emociones de ellos, en especial de quienes intentan atrapar tu vida o interferir en tu crecimiento. ¿Sabías que en el fondo al hombre le gusta ser dirigido? Todavía llegarán algunas críticas de la gente que vive a oscuras, tranquila, está en lo previsto; inunda todo donde sea que te encuentres con tu presencia magnética.

El amor de un hombre dormido es opio para la mujer, ¿sabías que sólo una mujer dormida se enamora de un hombre sin alas? Encontrar un compañero es invitarle a volar en la misma dirección, por supuesto, que cada uno deberá hacerlo con sus propias alas. Si a pesar de tener los acuerdos claros, los objetivos marcados, las maneras elegidas, los tiempos personales respetados y la convivencia garantizada, tu compañero te dice que necesita su tiempo y su espacio regálale tu ausencia, porque dejó de valorar tu presencia. Si insistes en darle otra oportunidad, realiza un inventario de sus defectos, de sus debilidades y si a pesar de ello, aún te interesa su presencia, recuerda que vivir en pareja es cuestión de magia, que el amor es territorio sagrado, sin amor la convivencia con otro es adulterio o prostitución. Prefiero tu cuerpo lleno de nostalgia que saturado de heridas.

La eternidad está al interior del instante, la poética del encuentro sexual en un contexto de amor inaugura el ritual del éxtasis, sagrado escenario donde cada uno se convierte para el otro en puerta a otra dimensión. El placer nos envuelve, mientras una insospechada luz se irradia atravesando distancias, la pasión deviene en fusión, la unicidad anula las distancias, átomos felices corren por todas partes transportando fragmentos de eternidad; se estremece el instante mientras el silencio contempla pensativo, sospecha con creciente convicción que la vida es esto; la represión se siente amenazada, la estupidez siente náuseas. El amor es inconmensurable, está fabricado con el mismo material que se hacen los sueños y las estrellas, la vida se mueve en olas. Si sientes ganas de salir corriendo, gritando que estás viva, aún estás a tiempo.

Hay mujeres que acuden puntualmente a su propia ejecución, mientras otras eligen ser extras en la película de su vida donde estaban llamadas a ser las protagonistas. La foto de tus quince años mostraba una mujer con un gran futuro, la fotografía de tu boda retrató tu entusiasmo de pie, los colores de tu vida actual se muestran desteñidos. La vida es una oportunidad para evolucionar, nadie vino a la tierra por razones laborales o conyugales; la vida es un juego sagrado, pero juego constante y todas tienen la habilidad para mantenerse despiertas y la capacidad para cumplir con su misión. Medita todos los días, reflexiona antes de dormir, obsérvate en todo momento, convierte tus debilidades en virtudes y que tu vida sea desde ahora, una fiesta de crecimiento y creación.

Sin libertad no existe la autenticidad, sin coherencia no es posible el poder, sin amor incondicional no tiene sentido la vida, sin salud el sufrimiento está garantizado, sin felicidad la vida aún no ha comenzado. Promovemos la justicia de género: que se respete la superioridad de la mujer, la igualdad es una injusticia en la biodiversidad y multi-culturalidad de la que somos parte. Admitida la diversidad las cosas se irán acomodando de manera natural; las mujeres y los hombres son iguales, pero la mujer es más igual a la Madre Tierra y, por ende, al Universo. Estamos a tiempo de reivindicar lo justo y dejar de buscar igualdades que insinúan homogeneizaciones sospechosas. Si la ropa le quedó grande a la mujer la solución no es cortarle brazos y piernas.

Si la Biblia pide subordinación a la mujer, dudemos de sus traductores. Ni víctimas ni verdugos, precisamos relaciones creativas desde nuestras diferencias. Sin embargo, es preciso tener claro que todo comienza desde que la mujer despierta, la primera lección para el despertar de la guerrera es que confíe en sí misma; la segunda, es que se atreva a hacer lo que siente; la tercera, es que aprenda a ser digna; la cuarta, que recupere su sensibilidad y poder; la quinta, que se declare feliz y viva desde el corazón. En este punto alcanza el grado iniciático de mujer guerrera, esa que va por la vida encendiendo la chimenea del conocimiento, la de los ojos extasiados y de sentires intensos. Ser guerrera es transportar fragancia de consciencia y una estrella en el corazón.

La mujer no puede ser otra cosa que el nexo con lo invisible, el puente a las otras realidades que también están aquí, el refugio multidimensional, el pasaporte al éxtasis, la portadora de magia a la cual la naturaleza le encargó la perpetuación de la vida. Y cuando digo mujer, me refiero siempre a la mujer despierta, esa que está hecha de felicidad, amor, libertad, paz y salud; esa que transporta buenas nuevas y que usa como protección su inocencia lúcida. La mujer es completa pero sólo desde que se despierta. Es deber de la mujer despertar, descartando a la mujer sumisa, a la mujer sin sueños, resignada a roles secundarios; entonces, deja la sombra, toma de la mano a la libertad, besa a la vida en la boca, pinta tu horizonte del color que quieras, es tu vida y en ésta te tocó ser mujer. Hazme el favor y sé una gran mujer.

Exijo que tu intensidad existencial esté afinada para participar con dignidad de la sinfonía cósmica, que tu permanencia en la vida tenga la altura de la dignidad que sólo una vida ética proporciona. Exijo que tu presencia impere en el presente, que cinceles los instantes hasta alcanzar el nivel estético, requisito alquímico para ser admitida en el sindicato de diosas, de esas mujeres que recuperaron su sensibilidad y su poder y saben lo que tienen que hacer y la manera de lograrlo. Recuerda que la mujer despierta sabe que hay muchas maneras de ser mujer y que el poder no te lo da nadie, lo obtienes creciendo. Ella sabe que la gente más humana es más atractiva, por eso convierte sus manos en caricias y por las noches usa el fuego como acompañante.

La mujer no fue hecha de la costilla del hombre, sino de la superación de lo masculino, porque la evolución no se detuvo con el *homo sapiens*, es decir, de lo único que toda mujer despierta tiene que disculparse es de ser superior al hombre. Estoy convencido que la mujer despierta llevará a la humanidad a un futuro diferente; sin embargo, hace falta con urgencia repoblar el planeta de mujeres despiertas, de guerreras del amor, más aún en tiempos de etnocidio y ecocidio, en circunstancias en las cuales la Madre Tierra está amenazada por mentalidades suicidas. Urgente despertarse, más aún después de haber comprobado científicamente que ninguna mujer ha logrado su despertar y realización personal sin haber recuperado previamente tiempo para ella.

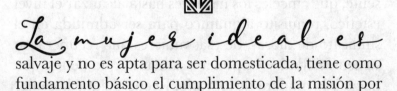

La mujer ideal es salvaje y no es apta para ser domesticada, tiene como fundamento básico el cumplimiento de la misión por la cual aterrizó en la tierra y transporta oleadas de energía para usarla como catalizadores de procesos transformacionales. La mujer ideal sabe que su cuerpo es herramienta sagrada, puede adornar su cuerpo pero ella no es un adorno. La mujer ideal es buena, pero fundamentalmente es lúcida y va por la vida haciendo creer que carece de poder. La mujer ideal es una amenaza contra el machismo; su libertad atemoriza, su sensualidad confunde, su sensibilidad preocupa. La mujer ideal puede criar hijos libres o crear ideas y emprendimientos, porque su naturaleza es creadora. La mujer ideal siempre será desconocida, porque luego de caminar guarda sus pasos y recuerda sus sueños.

Me asombra la capacidad de algunas mujeres de forjar sufrimientos cuando estos son opcionales, conozco algunas que incluso sufren por si acaso. Me asombra la desvergüenza de algunos hombres que abandonan a la insatisfacción y reducen su deseo a la instantánea satisfacción fisiológica, micción seminal que dura pocos segundos, mientras la frustración devora los pétalos de ella, desterrada al desierto donde la compañía se convierte en equipaje innecesario. Me asombra la brevedad de algunos hombres, esa capacidad de síntesis erótica, ese fogonazo de luces que se apagan en cuanto comienzan, ese escombro abandonado en que se convierten. Es tan corta la vida que la precocidad específica parece una broma de mal gusto o la última estrategia para condenar a la mujer a no descubrir su potencial.

La mujer que crucifica a las demás es un hombre con vagina. Me gustaría decirlo de manera menos cruda, pero la realidad no admite máscaras. Cuando se habló del orgasmo, ese domingo, la señora casada hace treinta años, no entendía de qué se hablaba, el resto aparentó normalidad. La mejor manera de dominar a la mujer es separarla de su tribu femenina, esa confluencia de intuiciones, sensibilidades y magia. La mujer está diseñada para actuar colectivamente, en cuanto se encuentra con otra, sus átomos estallan en fiesta y sus vibraciones se sincronizan. La energía de la mujer despierta está sedienta de conexiones y vibraciones, de círculos femeninos, de danzas sanadoras y cantos purificadores; ese lenguaje con el que las abuelas encendían el fuego y viajaban a otras realidades.

La mujer está condenada a ser una gran mujer o quedar reducida a un objeto poblado de vacío, no hay más opciones. Ella, al igual que la mayoría, estudia lo que no sirve y no sirve lo que no le enseña a liberar su potencial; luego trabajará en lo que no le gusta, reemplazando a la misión por la profesión, resignándose a una vida sinsentido, aderezada con adicciones y otras anestesias y con el dinero recibido, comprará lo que no necesita. Esa es la propuesta oficial, que los sueños estén caídos, que la vida sea una esponja desechable para perpetuar un sistema que nos destruye. Una mujer de traje rojo cayó desde el tercer piso, la autopsia reveló que su cuerpo ya estaba muerto hace tiempo. Corre tú, entre postes y prohibiciones y salva tu vida aprendiendo oportunamente a vivir.

Toda mujer precisa recordar que los hombres maduran lento, algunos requerirán más de una encarnación para completar procesos básicos de despertar consciencial, esto no debe desesperarte, es cuestión de ritmos, de tiempo. Habitamos actualmente un *pachacuti*, un ciclo femenino, los Andes y su función magnetizadora privilegia la energía femenina, esto puede ser convertido en despertares o desequilibrios, en aparentar lo que no se es o en reingenierías existenciales que posibiliten un borrón y cuenta nueva. No te quedes con las ganas, es tu tiempo, es tu vida, es tu oportunidad, deja que los demás se escandalicen y comienza haciéndote cargo de tu vida. Aparta de ti los rumores del miedo, deja que el amor se haga cargo de tu vida, definitivamente.

La mujer que no sabe tratar a los hombres sin perjudicarse reprobó la prueba más básica en la vida. La mujer dormida tiene gran capacidad de destruirse, la frivolidad le susurra al oído necesidades falsas, el miedo saca sus uñas intentando que nada cambie, la vida pierde impulso y se torna gris, opaca, sin sentido y convertida en rutina, intenta presentarse como normal. La mujer que no está aprendiendo a vivir tiene la vida colgada boca abajo, mientras su energía se escurre y su tiempo, en grotesca hemorragia, abandona su cuerpo. Si solamente te dieras cuenta que la vida es otra cosa, que puedes hacer con ella lo que tú quieras, que sólo precisas despertarte, atrapar tus instantes, germinar tu potencial y comenzar a vivir sabiendo que tienes alas para volar hasta la cima de tu misión.

En un mundo de reprimidos ser desinhibida equivale a ocupar el centro de la atención, esto en el fondo es bueno, porque te permite transmitir el mensaje que quieras, hacerte fuerte, conocerte mejor y disfrutar con esa adrenalina como huésped habitual. Sin embargo, es preciso saber cuándo llamar la atención y cuándo pasar desapercibida, es decir, saber lo que tienes que hacer, de la manera precisa, en el tiempo justo. La impecabilidad es atributo de la mujer guerrera, de aquella que se desliza indetenible rumbo a sus objetivos, de aquella que no interrumpe su crecimiento por las oleadas de incomprensión, de aquella que sabe lo que quiere y disfruta del proceso. Esa es la vida verdadera y tú la centinela que vigila que ella no se marche en vano.

Nadie la detuvo, demasiado tarde para civilizarla, ella recogió toda su libertad y le dio permiso para trepar todas las prohibiciones necesarias; su felicidad duró toda la vida y su amor tiñó de color eternidad cada uno de sus instantes. Esa es la mujer despierta, la guerrera, la que recorre corazones repartiendo magia, la que entrelaza sueños y despliega voluntades, la que patea pudores y rompe rutinas, la misma que lanzó por la ventana todos sus miedos hasta quedarse a solas con el valor que le permitió ser ella misma. Esa mujer tiene una autoridad intrínseca, porque no duda de sí misma, eso la hace atractiva; ella sabe las vibraciones que emite, los objetivos que tiene, los principios que cumple; ella viste diferente, no para esconder su cuerpo sino para decorarlo, sabe que sorprender la pone en ventaja.

El hombre construyó el puente por el cual pasó la mujer sin mirarlo, ella sabe que el hombre tiene debilidad por lo visual, entonces se muestra pero nunca totalmente, cuida los detalles, sonríe cuando corresponde, lleva maquillaje pero no se nota, como tampoco se perciben sus puntos débiles. Es paciente, pero sólo al interior de una estrategia, nunca para perder tiempo, siente olor a quemado cuando las cosas no salen bien y no demora en tomar decisiones radicales, no teme empezar de cero y dejar que nuevas intenciones se enrosquen desde abajo. Llama a la puerta de las oportunidades, si no le abren, toca otras puertas y cuando es necesario, arranca la puerta o ingresa por la ventana; preserva la mente fresca, abierta, disponible a nuevos aprendizajes.

He visto gente

aparentando estar viva, he contemplado mujeres acudiendo a la gimnasia del disimulo cotidianamente, he observado mujeres jóvenes sacrificando su vida en el patíbulo del sinsentido donde se droga la consciencia para luego consolarse con el consumo que tanta energía consume. He visto mujeres mutilando su potencial místico, recurriendo a innecesarias cirugías mutiladoras, desmantelando su capacidad de ser ellas mismas, acumulando resignación mientras ganaban campeonatos de represión y administraban vidas sin vida, mal acompañadas, caminando mecánicamente rumbo al abismo del vacío existencial. He visto también mujeres despertando, convirtiéndose en guerreras del amor, tomando las riendas de su vida, dispuestas a cumplir su misión.

La mujer despierta es una diosa viviente. La mujer despierta deslumbra con su apariencia, con su mirada, con sus movimientos, con su palabra y su silencio. La mujer despierta sólo improvisa en última instancia, prefiere planear cuidadosamente. La mujer despierta asume el papel que corresponde a cada situación, siempre en la perspectiva de dinamizar su crecimiento y disfrutar del proceso; confía en sí misma, sabe que no precisa ser joven para ser atractiva, ni tener un cuerpo espectacular sino una actitud espectacular. La mujer despierta sabe que el riesgo, incluso el peligro, a veces son necesarios de atravesar y que resultan excitantes, ella tiene la habilidad para distraer y convencer. La mujer despierta es un peligro, porque es una guerrera.

Encantar es el secreto arte femenino que practicaban las abuelas sabias desde la juventud. Eran otros tiempos, tiempos en los cuales la mujer iniciaba al hombre a los misterios de la vida, épocas en las que el placer era componente sagrado del ritual de la vida plena, escenarios en los que la seducción era más fuerte que la violencia. El tiempo se ha deslizado, la sociedad embadurnada de frivolidad se dirige cuesta abajo, la profundidad está mal vista y la felicidad desterrada; la mujer y su potencial reprimido, alguien le hizo creer que la vida se reduce a las tareas secundarias y domésticas de muchas. El entusiasmo ya no volvió a incorporarse, sin embargo, aún puedes salvar tu vida, hacer crujir la rutina, quebrar el sinsentido y preguntarte cómo quieres vivir desde ahora.

Se puede manejar la imaginación del hombre, canalizarla en la dirección prevista, conducirle a la inmolación del machismo, mantenerle en el trayecto enamorado; de esa manera preservas tu poder sobre él. Si insiste, deja que fantasee contigo, suministra placer cuando así lo sientas, ofrece una aventura que en el fondo sea una experiencia, se trata de iniciarle a la vida, en principio sin que él lo sepa. Todo hombre anhela en secreto ser víctima de una mujer lúcida, sin embargo, de entrada debes desmantelar su capacidad de resistencia; si logras hacerle perder el control, puedes lograrlo todo. Sé dulce, salvaje, lúcida, sé niña y abuela, incluso puedes ingresar a su campo energético si el objetivo es ayudarle, nada más asegúrate que tus movimientos sean invisibles. Recuerda que amar, es un arte sagrado.

Una vida bien vivida incluye un collar infinito de sorpresas, un ramo de nostalgia, una concierto de éxtasis y muchas cajas de magia alquimizando lo inferior en superior. La vida es el camino a la evolución, la evolución es el pretexto del Universo que juega a reinventarse, quizá sea una forma de administrar la eternidad. Si naciste mujer, perteneces al ámbito de lo mágico, con tu cuerpo como altar y tu campo energético como zona sagrada. La intimidad de la creación reside en tu esencia, mientras realizas los protocolos vivenciales para reintegrarte al *Chejpacha*, tu desafío es ser tú misma, pero lo mejor de ti y, a continuación, divinizar lo cotidiano, mundanizar lo espiritual, eternizar el instante desde un presente pleno, acostarte con la muerte, porque la mujer despierta se transforma constantemente. La vida plena incluye a la mujer…, despierta.

Atrévete a todo…

lo bueno, atrévete a rebelarte, a cuestionar y cuestionarte, a patear miedos y vencer rigideces, a ser tú misma en un contexto de crecimiento interior, a habitar completamente el presente, a vivir con la intensidad existencial que saque chispas a la vida. Atrévete a coleccionar buenos recuerdos, a hacer lo que amas y amar lo que haces, a atravesar todas las prohibiciones que interfieran en tu crecimiento, a permitirte los placeres prohibidos que sean naturales, a purificarte y desintoxicarte ideológicamente y desaprender toda la basura manipulatoria desde la cual intentaron controlarte. Atrévete a tomar tu vida en tus manos y convertirte en la mujer que sueñas. Recuerda esto: una mujer lúcida es una mujer espectacular, una mujer que se controla es una mujer poderosa.

No permitas que

tu inocencia sea teñida por la represión; ella es joven, estudiosa y reprimida, la otra es mayor, resignada e infeliz. Una mujer mayor grita su rabia, otra, justo a la hora vespertina, saca de paseo a su aburrimiento usando como pretexto el perro. La chica se emociona cuando consigue la droga que le nubla la comprensión, su amiga tiene rizos en la cabeza, es lo único que tiene en esa parte de cuerpo. Al otro lado de la calle, la esperanza de alguien duerme interminablemente, quizá fue abandonada; se apaga la alegría, una normalidad sospechosa se impuso a lo natural, ella es bajita, pero su confusión es grande, quizá un día se suicide. A todo eso es a lo que te propongo renunciar. ¿Sabías que si tu felicidad está a tu lado, la perderás en cualquier momento, pero si está dentro tuyo, podrá durarte toda la vida?

Tantos millones

y sólo uno sirve..., perdón, me refería a los espermatozoides. Está claro quién es el sexo fuerte, el problema es que dormida la mujer ni siquiera es mujer, porque lo femenino es condición iniciática adquirida, no situación biológica heredada. Toda mujer que se respete es autosuficiente afectivamente, esto es, su bienestar no depende de nada ni nadie, esa es la soberanía existencial que no desconoce la interdependencia de la que somos parte, en el holograma de la vida. Duda, pregúntate, busca, rebélate, sé fluida, magnética e imposible de clasificar, prepárate para la envidia, recuerda que la belleza física es pasajera, cultiva la belleza interior, al igual que tu encanto natural en forma de inocencia.

La mujer despierta sabe cuándo es más inteligente hacerse la tonta. Sabe también cómo protegerse sin volverse rígida ni miedosa. Toda mujer tiene el poder de atraer, pero no todas lo saben; si el hombre es devoto de las mujeres, aprovecha esa condición para encauzar esa energía a su despertar, de esa manera actuarás preventivamente respecto a soledades futuras y compañías inadecuadas, que él al principio se resista a tus argumentos será motivador para ti y más emocionante, pero no pierdas la alegría ni el optimismo, por más dura que en principio sea esta labor. El entusiasmo es fuego que se expande, fuego contagioso y sanador del cual serás la primera beneficiaria. Recuerda que cada día es un puerto y en cada puerto te espera una experiencia liberadora.

No seas clasificable, simplemente sé cada vez tu mejor versión, ofrece lo prohibido, destácate de la multitud, ten siempre claro el límite del juego, del plan, del objetivo. La mujer despierta sabe lo que hace y nunca se queja por los resultados, independientemente de cuáles sean estos, porque todo para ella es experiencia y aprendizaje, todo son oportunidades y es todo lo que ella necesita. Deja en el dormitorio de tu vida lo que ya no necesitas, desplázate con suavidad, toma nota de lo que tienes que hacer y cuando sea el momento..., hazlo, llega tan lejos como sea necesario; especialízate en coleccionar exclusivos buenos recuerdos, deja el resto para quienes malgastan su vida y derrochan su energía guardando malos recuerdos.

Que los demás se enfaden o compliquen, tú no tienes tiempo ni energía para semejantes estupideces. Construye con urgencia tu red de aliadas, vuélvete útil, solidaria, imprescindible, encantadora, es decir, generadora de encantamientos. Asegúrate que cuando piensen algo malo de ti se den cuenta que se equivocaron, usa la venganza del amor, auténticamente, pon música a tus emociones y el perfume de la intención poderosa a tus actos; entrégate a todo lo que hagas hasta convertirte en ello, pero cuando termines, sal completamente disponible a la próxima experiencia. Recuerda que la palabra es una forma de poder, al igual que el silencio, úsalos con lucidez. Amuralla tu vida, pero pon puertas que sólo se abran desde dentro.

El opresor se alimenta del miedo de la víctima, el represor patriarcal es un tigre de papel, sólo tienes que enfrentarlo sin miedo pero con armas distintas a las conocidas por él. Comprendo a la mujer que se equivoca, pero no a la mujer que no se atreve. La vida es un océano en permanente oleaje, cada día es un combate, la impecabilidad es un requisito; la mujer que no aprende a surfear tsunamis no llegará lejos, porque en la vida lo único seguro es lo inseguro, ahí está el placer de la vida y la razón de tener capacidad de asombro. Medita con el agua, danza como el río fluyendo, amplía tu mente como el océano, camúflate cuando sea necesario, vuélvete inmune a la estupidez ajena y no soportes la mediocridad propia, recuerda que el misterio es el corazón del carisma, que en el fondo es la sombra que proyecta el magnetismo de la mujer despierta.

Me sorprende que en estos tiempos la sensación de carecer totalmente de poder a muchas mujeres ya no incomoda, parece que la impotencia comenzará a ser su hábitat cotidiano mientras su energía se dilapida en labores secundarias, que preservan la ignorancia y mantienen en buen estado la capacidad de ser manipulables. Nada más terrible que sentir que tu vida discurre por cauces ajenos a los anhelados; nada más triste que ver cómo pasan los días y no pasa nada más. No aparentes que todo está bien, eso entristece a tus guardianes. Haz que regrese tu entusiasmo, píntalo de colores, siéntate con él, háblale desde tu corazón es hora de partir rumbo a la vida montada en tu sueño más brioso.

Sé fuerte sin dejar de ser sutil, genera credibilidad sin dejar de ser tú misma, sé agradable sin perder la honestidad, sé emprendedora sin perder tu feminidad. La habilidad para surfear tsunamis es un indicio de inteligencia; el coeficiente intelectual no es nada al lado de la inteligencia femenina aplicada a la vida y sus desafíos. El poder es la capacidad de influir en los demás, es producir situaciones o reacciones que sin tu presencia no ocurrirían. La vida y su sentido iniciático está reservada para gente valiente, para mujeres que saben guardar silencio mientras su silencio se expande y sus vibraciones inundan campos energéticos. La actitud más inteligente de la mujer despierta, es la ausencia total de miedo, llegado a este punto, el resto es fluir descomplicadamente, disfrutando de lo que pasa.

Toda mujer despierta, para lograr sus mejores objetivos, precisa dominar el arte de la ambigüedad, de esta manera deja pistas falsas y no es atrapable. También dominará el arte de estar en silencio, el arte de la felicidad, el arte del amor incondicional, el arte de ser libre y de manera especial al arte de renunciar, vacuna contra apegos y sufrimientos futuros. Todo esto hasta hace poco era secreto, me pregunto si llegará a las manos adecuadas; tanta información inútil circula por las autopistas virtuales. Miré la fotografía de ella, era joven, bonita, pero estaba domesticada; la imagino libre, pintando de colores sus instantes. La mujer es artista por naturaleza; asegúrate que tu vida, toda, sea una obra de arte.

La mujer despierta ejerce una forma de poder supremo, basado en el encantamiento, una especie de seducción mística que comienza con un nivel vibratorio que sólo la mujer guerrera posee. Este magnetismo hace que los demás no sólo queden convencidos, ella logra una fascinación que induce a que los otros se entreguen a sus manos. Este poder puede ser usado para generar despertares masculinos y dinamizar procesos de apertura mental. Al final de la vida, sólo quedan los buenos recuerdos con los cuales ha crecido la conciencia. El vacío es atenazador para quienes insisten en permanecer dormidas, sin embargo, al despertarse la línea de la vida se extiende, se desata la libertad, dejándote abierta la posibilidad de subirte a los hombros del universo y hacer lo que viniste a realizar.

Avanza con sigilo y discreción, aprender a vivir es una batalla y tú una guerrera; precisas manejar bien tu energía, saberla ahorrar evitando conversaciones banales y fuga de tu valioso tiempo en actos estériles. Conoce bien el escenario en el que te mueves, estudia cada detalle del mismo, anticípate a la gente que quiere perjudicarte, es necesario que seas más rápida, más lúcida, más inteligente, más intuitiva que la otra gente; entonces, estarás protegida por ti misma y la envidia se alejará ardiendo de tu lado, la sangre no llegará al río, el llanto no será necesario y podrás cortar cada instante en pedacitos para saborearlos mejor. No sabes, nunca sabrás, cuál es el final de tu vida, por si acaso, vive bien cada día.

Me imagino bajar a tu consciencia de un taxi, la calle permanece vacía de plenitud, escombros en forma humana abundan en todas partes, la puerta de otra realidad se abre, sólo mujeres despiertas podrán atravesar el umbral. La única diferencia entre una mujer despierta con otra dormida, es que la primera tomó las oportunidades que le ofreció la vida, entonces comenzó a formarse y todo cambió para ella. Aprendió a conocerse y a proyectar la imagen elegida, logró una maestría en felicidad y se volvió experta en salud; dejó de ser manipulable y reinventó su vida. A continuación, pasó a usar un collar de flores de rebeldía, sembró el árbol prohibido a la entrada de su vida y bailó bajo la lluvia, envolviéndose con un arco iris el cuerpo, mientras cortaba del jardín de su corazón las últimas flores del miedo.

Cuando llamó a la puerta y ésta permaneció cerrada, decidió echarla abajo y llevar su vida por delante; entonces, amaneció su existencia, por las ventanillas de cada momento se veían parpadeantes oportunidades, algunas eran exclusivas. El problema de las oportunidades es que duran poco tiempo, la mujer despierta sabe que no puede, no debe, perder tiempo. Ella hará lo que sea necesario, para no interrumpir su proceso, será elegante al decir no e inocente en su afirmación; sus errores pasarán desapercibidos o tendrán el toque artístico y siempre dejarán valiosa enseñanza. Todo debe parecer natural en tu vida, para ello sólo precisas dar el toque de encanto que abunda en cada mujer despierta. La vida tiene varias partes y todas requieren que tu entusiasmo permanezca de pie.

Numerosos árboles teñidos de verde, ensayaban su danza vespertina con el viento; los últimos glaciares se derriten, los deseos eróticos permanecen apiñados, alguien los dejó con cerrojo.

El placer, incluso ese indescriptible cosquilleo, fue prohibido a la mujer, entonces ella permaneció colectivamente dormida, entreteniendo su aburrimiento, administrando su soledad con inadecuadas compañías. Ninguna represión es apropiada. La iniciación sexual fue descartada y la mujer condenada a vivir sin pensamiento crítico, sin pasión, sin sueños, sin motivo. Recupera la fantasía, el erotismo sagrado, la sensualidad mística, el placer de vivir pateando todas las prohibiciones; que el amor se haga cargo de tu vida cerrando la puerta a la sombra y al vacío, es tu boca, es tu piel, es tu vida.

De vez en cuando me encuentro con alguna mujer feliz, plena, que se hizo cargo de su vida; de vez en cuando, sube mi confianza en el despertar de la guerrera cuando por las ranuras de esta agrietada civilización germina la libertad, inaugurando el escenario de la autenticidad, la mejor versión de ti misma. Tú sabes, no todo está perdido, más aún si decides apuntarte a la vida plena; sin embargo, no vayas expuesta, cubre tu fortaleza con el vestuario de lo frágil, aparenta debilidad, pide ayuda cuando decidas que es oportuno; puedes hacer que te respeten y al mismo tiempo que te amen, a veces, es preciso lograr que nos teman. Sé prudente, más corre todos los riesgos necesarios, no aparentes ser buena, sé buena de verdad y, simultáneamente, implacable.

Veo trepar tus intenciones por las paredes del presente, veo entrar y salir tus dudas, algunas ya están amarillas; escucho gritos, algún miedo en el inodoro, sólo tienes que tirar la cadena. He conocido mujeres que salen a la calle a buscar marido, como quienes salen de pesca; la única aristocracia que da príncipes en este tiempo es la de la sabiduría. Si quieres encontrar un hombre interesante, asegúrate de ser interesante. La belleza del cuerpo físico dura un instante y no es causal de divorcio la ausencia de deseo; trabaja tu belleza interior, esa que convertida en actitud ante la vida no sufre por el paso del tiempo; conviértete en la mujer que sueñas a partir de remodelar tu interior y reinventar tu vida, la intención, no es suficiente, la mejor manera de cambiar, es cambiar.

Si tu vida está precariamente sujeta a tu cuerpo, si tu mente nada sabe de tu espíritu, si tus emociones se descontrolan y se desbandan, si el desequilibrio atisba por la ventana de tu presente, quizá adolezcas de un déficit de disfrute, tal vez estés anémica de placer. En la mayoría de las culturas, la vida era simultánea fiesta y ceremonia, frenesí místico y éxtasis que comenzaba en la epidermis y concluía en otras realidades, el tiempo era circular y se detenía cuando la persona profundizaba la experiencia. Me imagino que tú no eres de las mujeres que se morirán sin haber vivido, que antes de marcharte, besarás a la vida en la boca y te habrás acostado muchas noches abrazada al amor de cuerpo entero; no es un calvario, es una fiesta, ¿no te lo habían dicho?

Ella se queda en la cocina atendiendo la rutina, dice que está bien para no desafinar la sinfonía, colecciona máscaras sonriendo para esconder las mejillas humedecidas, usa un collar de lamentos bajo la ropa. Ella lo deja seguir cuando él desahoga su deseo en su cuerpo, presiente que no siente, ella ha visto marcharse a su libertad cuando dijo, acepto, es la misma que un día pensó en suicidarse, pero no pudo recoger suficiente valor para hacerlo, éste había quedado diseminado por todo lo ancho de su intrascendente existencia. Ella se consuela en el centro comercial, engordar es una alternativa para tener luego que adelgazar; ella sufre en voz baja y arrastra su infelicidad acostumbrada a tener a la tristeza como anfitriona, ella no eres tú. Cualquier coincidencia, si se da, es pura verdad.

El tiempo parece llegar e irse, en verdad eres tú quien se está marchando. Ese bebé naciendo eras tú, también esa rebelde adolescente y esa mujer madura y esa anciana en silla de ruedas, es sólo cuestión de tiempo. Amanece, es medio día, atardece, oscurece, el maletero un día llega y apaga la linterna, no hay sirena que anuncie la partida final, sólo un latido caducado. ¿Estás viviendo con la intensidad existencial digna de una mujer despierta? ¿Es tu vida un lugar festivo y tu cuerpo una zona sagrada? Asegúrate que, poco a poco, todo se vaya tiñendo de experiencia, que tu conciencia crezca y tu cuerpo disfrute, que adelgacen las cicatrices emocionales y caduque el temblor, es tu vida, puedes vestirte de relámpago, crecer hasta el límite y gritar: ¡estoy viva!

Quiero echar un vistazo a tu vida, por eso aparté las cortinas. Veo un trabajo monótono convertido en vida cotidiana, observo también miedos cuidadosamente almacenados por orden de intensidad, en estantes de rigidez; veo la penumbra del pesimismo, el hielo de la represión y la alfombra gris del aburrimiento. Concluyó la ausencia de la vida por no encontrar indicios de libertad, de felicidad, de amor y de rebeldía. Ya no está ese cuerpo alegre que encendía miradas desde las que se inauguraban los colores; tampoco encontré razones para vivir. No es tu culpa, pero el llanto te pertenece, no viniste a la tierra por razones laborales o conyugales, tienes una misión y es deber tuyo encarnarla; entonces, será un borrón y cuenta nueva y en alguna parte del Universo, te darán la bienvenida.

Cuando abro la puerta de la pregunta, aparece delante mío una mujer, se desplaza y al caminar deja huellas felinas; esa es la guerrera de la que te hablo, tiene todas las edades y su silencio dice tantas cosas... Ella fabrica afectos, los vuelve místicos, llega al lugar apropiado en el momento justo y con la actitud precisa, sabe a dónde se dirige su vida. Vive la vida diaria como una fiesta, no le seduce el lujo pero le encanta vivir bien; confía en ella, por eso en su armario no existe máscara alguna; su ritmo no es lento ni rápido, es su ritmo, tiene tiempo para todo lo necesario, para estar con los que ama y para estacionar su tiempo en cualquier estación abierta, porque es devota de la libertad. Se empeña en guardar su tiempo, para vivir plenamente, algunas veces viste riguroso transparente, para dejar absorto al pudor que sale corriendo a esconderse.

El cielo se oscurece con cada mujer infeliz deambulando con la existencia extraviada. Hay cadáveres que caminan y muertos trabajando con excelencia, llevamos tanto tiempo conviviendo con ellos que estamos acostumbrados al olor a podrido. Transformarse es amanecer, renunciar al charco de tiempo detenido y comenzar a fluir descomplicadamente; en el proceso, podrás declararte feliz, palpar la piel del amor, poner de pie tu libertad y vestir la sensualidad de la paz, reluciente vestuario reservado para valientes. Modifica el sentido del tiempo, conviértelo en crecimiento, asústale al miedo con tu atrevimiento y no desperdicies nunca más el crepúsculo. No son palabras, es la vida circulando por tus venas y el aroma de las estrellas invitándote a retornar al orden cósmico.

Una mujer con abrigo largo, minifalda y botas, pasa a mi lado, varias miradas la siguen sigilosamente; el misterio atrae pero demasiado misterio genera desconfianza, es mejor buscar ese justo medio para que él se imagine que te conoce, pero sólo aquello que tú decidas. Contarle secretos y confidencias dosificadas resulta una buena estrategia para mantenerlo en la órbita precisa. No busques lo que no existe, fabrícalo. El hombre nuevo se construye, porque en esta civilización se ocupan de destruir también al hombre haciéndole creer que tiene todo bajo control. En tiempos tempestuosos como estos, usa la sonrisa, la amabilidad y, fundamentalmente, el amor junto con esa atrapante libertad. Ayuda a ser feliz a los demás, porque en este proceso se multiplicará tu felicidad.

Genera credibilidad sin caer en la soberbia, muestra tus talentos sin ostentación; excederse en mostrar lo bueno que tienes podría generar rechazo o inseguridad en los demás. Es necesario que busques el punto justo para impresionar sin ofender, porque necesitarás aliadas y gente dispuesta a hacer cosas por ti. Los hombres habitualmente sólo ven lo que está en su foco de atención y precisan concentrarse para identificar detalles, no tengas expectativas muy altas al respecto, ni esperes agradecimientos, lo invisible, es invisible para ellos. A pesar de todo ello, no dejes de ser detallista, de amar la estética, el orden, la armonía sin olvidar que tu presencia deberá tener la altura de una obra de arte. En cada momento, anda demasiado lejos, pero con las riendas de la situación en tus manos.

Ella se quita la ropa y al quedar desnuda no queda nada; se mira al espejo con insistencia y sólo ve algo borroso, hueco, recipiente conteniendo un vacío, traducido en sin-sentido existencial. Cierra la puerta, da la espalda a la vida, va al armario, elige la máscara adecuada, el vestuario preciso y sale a la calle convertida en persona normal; cada gesto realizado es parte de una coreografía cuidadosamente aprendida, el resto hace lo mismo, aprendieron a roncar en voz baja. Sin trabajo interior, corres el riesgo de pasarte la vida sin vida, perdiendo las oportunidades de crecimiento y aceptando una normalidad anormal, contexto donde se fabrican perversiones; la más difundida, la infelicidad que incinera la vida y sazona con polvo de cementerio cada uno de los instantes no vividos.

Suena el teléfono, llega un mensaje, se encuentra con un rumor, al mediodía come basura mientras habla frivolidades. Una existencia destartalada es lo que espera a quien no se prepara para vivir. Precisas revivir lo que pasó, extraer las enseñanzas, mostrarte receptiva al presente, reinventarte las veces que sea necesario, ocupar el lugar preciso, volverte imprescindible, desarrollar tu inteligencia al máximo, mostrar que ella no amenaza a quienes te rodean; algunas veces precisarás barnizar tus fortalezas de debilidad, así podrás pedir ayuda y hacer que se sienta importante mientras vas poblando de enseñanzas sus instantes. Una pregunta: ¿estás usando todo tu potencial?, ¿tu entusiasmo existencial está de pie?, ¿desabrochaste tu libertad? Si respondiste afirmativamente a las tres, bienvenida.

Él levanta su mirada, la busca, la encuentra, la escanea, la desea, ella no sabe qué hacer sin darse cuenta que todo el poder de la circunstancia está con ella. Es inevitable que la mujer atraiga por unos instantes, rápidamente las llamas de ese magnetismo desaparecerán para dirigirse a la próxima estación; si tú quieres hacer algo por él o simplemente dar un mensaje, usa esta ventaja, juega con su fantasía, no descartes sus expectativas, utiliza su atracción para hacer lo necesario, eres una guerrera, nunca salgas a la calle sin objetivos claros y maneras adecuadas fabricadas al momento. No te pongas a la defensiva ni al ataque, sólo acecha la circunstancia, recuerda que estás escribiendo tu historia y coleccionando buenos recuerdos.

No llegamos a conocer la vida completamente, sin embargo, avancemos en esa dirección, la cima nos espera con otra cima más alta y así sucesivamente; no obstante, lo importante no es llegar, es el proceso porque en él ocurre tu transformación. No te preocupes si cometes algunos errores, aprende de ellos y abandona la cáscara al olvido sin demora; en algunos casos será necesario equivocarse intencionalmente como parte de una estrategia, en este caso, evalúa las consecuencia y si el saldo es favorable, equivócate con ganas, hasta podrías lograr que tus errores eclipsen los aciertos de los demás. Deja huellas perfumadas, reparte sorpresas y entrégate completamente al regazo de la vida, ella te indicará los movimientos próximos a realizar.

Toma nota, desocupa tus manos, acabas de recibir la llave para abrir la caja de herramientas transformacionales; el despertar de la guerrera es un pasaporte al viaje más apasionante que una mujer pueda realizar, sólo tienes que seguir las indicaciones y permanecer alerta, es tu vida la que está en juego, es solo una y tiene fecha de caducidad. Confía en ti y en pocas personas, ten tu red de afecto y confianza, pero no necesitas mucha gente, el resto, deja que imaginen que confías en ellos, así cuando exista una ruptura no tendrán armas para usar en tu contra. Es innecesario depender de los demás para estar bien, la felicidad es una opción y se fabrica en uno mismo; no permitas que se consuma tu vida sin haber hecho de ella una fiesta de crecimiento inolvidable.

La mujer despierta tiene una fuerza encantadora, ilimitada, una ética que la vacuna contra la tendencia a manipular; encantar es seducir y ello no alude necesariamente a lo sexual, podemos hablar de una seducción espiritual, de una seducción existencial, es preparar el terreno para sembrar una nueva semilla, es aprovechar la debilidad del hombre por la mujer para despertarlo, es conducirlo a quien desea para que pase algo en su vida, es usar la atracción natural para romper rutinas y aprender a pensar desde otras categorías. Usa tu poder sobre el hombre para sensibilizarlo y para ver más allá de las apariencias, remueve la tierra del jardín de su corazón y siembra viejas novedades que germinarán esperanzas y un futuro diferente.

Es probable que nunca sepas totalmente lo que otros piensan de ti, mas ello no debe preocuparte. Guarda a tus amistades en el círculo respectivo, aderza ese contexto con discretas dosis de confianza, invierte el tiempo que sea estrictamente necesario para cultivar amistades sin que se marchiten y el resto de tu tiempo, tómalo para ti, para tu formación y transformación. Tus estrategias nunca deben ser públicas ni obvias, no dejes huellas que no sean mensajes premeditados, de esa manera quienes te rechazan te verán inalcanzable. Vive absorta en la vida cultivando primaveras con galopante alegría y el fulgor imprescindible que emana de toda mujer despierta, de esa que sólo se equivoca cuando el error es mejor que el acierto. Asegúrate que impacte tu presencia y conmueva tu ausencia.

Permanece activa, alerta, emprendedora, en paz. Prepárate sólo para todo, "crecerás con lo que te ocurra", dice el decálogo de la mujer despierta y disfrutarás de cada proceso vivido. Las masoquistas serán enviadas al infierno para mantener los usos y costumbres adquiridos en la tierra. ¿Quieres profundizar una amistad? Cuéntale aparentes secretos y háblale bien de ella misma, observa con cuánta atención te escuchan cuando les estás hablando de ellos mismos, entonces su emoción ya estará en tu territorio y tú podrás hacer lo que tienes que hacer; estar contigo tiene que ser un placer y sin hacer ninguna concesión a la deshonestidad. Sobrevive a todas las incomprensiones y envidias, úsalas para hacerte fuerte. Agradecer las pedradas es atributo de las mujeres despiertas.

El agua turbia de la envidia se filtra por las grietas gastadas de la infelicidad, poco a poco se desprende la confianza en uno mismo, debilitándose la autoestima y entremezclando con miedos y autorrechazo. Para la mujer despierta, por el contrario, la envidia es una señal de aprobación, es cuando los demás están reconociendo la superioridad de ella, porque la envidia es sólo la admiración mal canalizada, los rivales y enemigos son recursos para fortalecerse y, después, para dejarlos en el lugar que sea conveniente para ti. Un enemigo bien utilizado, muchas veces es mejor que un amigo, pero deberás ser sincera cuando te acerques a él y nunca antes de haberte fortalecido. Hay quienes creen que es una virtud no tener enemigos, en el caso de la guerrera es beneficiosa su presencia.

Con independencia

de la edad, usa el poder de atracción que tienes para mover conciencias, dejar enseñanzas y ayudar a despertares; usa tu potencial femenino para dinamizar procesos de aprendizaje, muévete sigilosamente usando los procedimientos de un estilo de vida con alto nivel estético. Nadie debe percibir tus movimientos, evita ser predecible, muévete de manera inusual, sorprende con tu dulzura, detén el movimiento cuando corresponda, con tu frialdad requieres ser sensible pero no sentimental, impecable, desapegada, amorosa, implacable, serena, apasionada, sobrepasa las expectativas y nunca dejes de afilar el hacha con el que cortas lo que es necesario cortar.

Cuando regresó

del matrimonio se la veía oscura, marchita, vacía, apagada, desencajada existencialmente, realizando una infelicidad manchada de nostalgia. Su alma estaba en el fregadero y la posibilidad de un suicidio estaba a mano, en un rincón, pero a la vista. La habilidad para reinventarse es más importante que el coeficiente intelectual, la aptitud y voluntad para reconstruirse resulta más valiosa que el dinero. No importa los errores cometidos ni la historia vivida, no importa la edad que tengas ni lo que digan de ti, es tu tiempo, tu espacio, extermina el miedo, danza frenética sobre el qué dirán. Separa los buenos de los malos recuerdos y los últimos, tíralos por el inodoro, convierte la furia en impulso, la decepción en creatividad e inaugura la mejor etapa de tu vida.

¿Dónde está la mujer que soñaba, la que comenzaba el día cantando y lo concluía danzando? ¿Dónde están las mujeres amazonas, esas aguerridas criaturas dispuestas a todo? ¿Dónde están las mujeres que, empuñando su inocencia, echaban el pudor de su cuerpo y se sentaban a deletrear el placer, mientras hacían añicos a sus últimas represiones? ¿Dónde están las mujeres que danzaban con los problemas, las que estaban preparadas para todo? ¿Las que no se desconectaban de la Luna, las que tomaban energía de la tierra, las que viajaban a otras realidades, las que iniciaban a los hombres en rituales sagrados, las que sellaron alianzas energéticas con otras mujeres? Asómate a este tiempo, el futuro femenino ha llegado, sólo falta tu presencia con la actitud de guerrera.

Ella se quedó atrás mientras su vida se consumía en su ausencia, ella aspiró resignación mientras se adaptaba a lo que le destruía, ella caminó hasta el borde del abismo del sinsentido y se lanzó antes de construir sus alas, ella humedeció sus mejillas y guardó su esperanza en el armario del fondo, ella cerró la puerta de su vida y se quedó a solas con la rutina. Sin embargo, ella un día, se encontró con una caja de herramientas llamada el *Despertar de la Guerrera*, decidió usar cada una de ellas, clausurando la infelicidad que la infectaba. Ella hizo añicos a sus miedos, renegoció los acuerdos con su pareja, fue incomprendida, surfeó soledades, agradeció ausencias. Ella tejió la bufanda de una nueva vida y decidió usarla, definitivamente.

Antes, cuando la veía no encontraba a nadie, ahora es frecuente verle desempeñar un papel fundamental en su vida, se hizo cargo de sí misma, sabe qué quiere y desde que medita cada día proyecta una imagen de serena seguridad que unas veces atrae y, otras, genera temor. Desde que se despertó cultiva una presencia que sorprende, es como hablar sin decir nada; despertarse para una mujer equivale a encarnar imposibles y utopías, no se trata de una nueva apariencia, es su auténtica esencia con variable emocionalidad. El aroma de la mujer despierta permanece diciendo cosas, a su paso derrama enseñanzas. Alguna pregunta a veces capciosa le sale al paso, la mujer despierta ha demostrado estar preparada para todo.

Despierta, no me refiero al mecánico acto de levantarse de la cama todos los días, despertar es sacudirse el polvo de lo convencional que cada día se asienta sobre tu consciencia, es trabajar tu coherencia, ampliarla hasta convertirla en presencia plena. Sólo tú podrás medir la coherencia de tu vida, ella estará referida exclusivamente a tus principios y objetivos, nunca a expectativas ajenas ni a la opinión pública, prepárate para decepcionar a mucha gente y así dejar tranquila a tu consciencia. Nadie se aburrirá contigo porque serás una caja de sorpresas y aprendizaje. A veces es bueno complacer, otras sorprender y siempre enseñar. Recuerda que eres amante de la vida y adicta a la felicidad, a ellas debes recalcitrante fidelidad e inquebrantable lealtad.

La mayoría de los hombres son predecibles, eso los hace vulnerables. La mujer despierta es una acechadora por excelencia, observa con atención, calcula con detalle; sé siempre sincera, mas no cuentes planes e intimidades, eso no es cuestión de sinceridad, son elementos que pertenecen al íntimo círculo personal ese que sólo compartirás con casi nadie, pues quien te conoce a fondo tendrá poder sobre ti. Si tienes clara tu misión, comprenderás que la solidaridad es requisito fundamental para crecer; sin embargo, deberás saber manejar cortinas de humo para pasar desapercibida cuando corresponda. Vivir cada momento siempre será un acto total y, por primera vez, haz lo que tienes que hacer o quedarás atrapada en la telaraña de lo convencional, donde tantas mujeres quedaron momificadas a perpetuidad.

Llama la atención

el adormecimiento recomendado, la somnolencia inducida, la ignorancia fomentada, la desinformación generada al interior de estrategias manipulatorias que requieren a la mujer dormida y sin posibilidad de despertar un pensamiento crítico. Después de despertar y cuando sea necesario, usa piel de cordero sin olvidar que eres un felino, nunca digas todo lo que sabes, impresiona a los demás hablando poco y diciendo mucho. Escucha, observa, analiza, evita reaccionar; la acción plena es serena y calculada, la espontaneidad es hermosa pero siempre germina al interior de objetivos claros y planes precisos. ¿Por qué se fueron tantas mujeres al abismo del sinsentido? Me encantan las mujeres que dejan plantado el conformismo y usando el vestido de la rebeldía clausuran de sus vidas, lo que no tiene sentido.

¿Estás consciente

del efecto que causa tu cuerpo, tu mirada, tus movimientos, tu palabra, tu silencio, tu ausencia? Esos efectos deberán ser elegidos por ti, según la circunstancia y los objetivos. Si tú produces esos efectos, deberá encantarte lo que generas. En la vida, lo bueno y lo malo deberán contextualizarse, entonces te darás cuenta que muchas prohibiciones son necesarias y empoderantes; que muchas de las cosas con mala fama son resortes que impulsan el emerger de una feminidad pujante y una dinámica existencial espectacular. Sólo tienes que estar presente en tu presente, dejar constancia que no dejarás para otra encarnación lo que viniste a realizar en ésta y fundar una vida que incluya todas tus vidas. ¿Te atreverás a ser tu propia invitada de honor?

Hay palabras que la guerrera no suele usar nunca: no puedo, imposible, me doy por vencida, etc. Es vibración contaminante destinada a mantenerte atrapada y sin la claridad para descubrirte y hacer lo que tienes que hacer. En cada mujer yace una poderosa sanadora, una guerrera que sabe usar su voz como espada, su silencio como arma letal, su cuerpo como altar y su mirada como faro. La guerrera no gasta energía hablando más de lo necesario, tiene todo bajo control y respecto al entorno que no controla, tiene la actitud adecuada y la modalidad perceptiva precisa para que nada de afuera le interfiera su crecimiento y disfrute. La mujer despierta no rechaza nada porque crece con todo lo que acontece, es deber de ella ir cantando un futuro diferente y disfrutando las sorpresas de la vida.

La mujer tiene que mantener su imagen, pero más que ello conservar su esencia, su centro, su eje, ahí radica su poder. La mujer despierta cultiva su intelecto, sabe que la racionalidad es un escenario para desplegar su potencial, tan importante como su capacidad intuitiva. Ella siente y presiente, permanece alerta incluso cuando se hace la distraída, parece normal pero ella sabe que pertenece a una generación nueva de mujeres con alas. Siente deseos, miedos y envidias, con la misma serenidad con la que contempla atardeceres, cielos estrellados o amaneceres. Ella hace lo que tiene que hacer, pase lo que pase y pese a quien pese. Sabe que para crecer y vivir bien no necesita permiso de nadie.

Es importante la reputación que tienes, el posicionamiento de tu imagen, pero lo más importante es poseer la claridad mental para rediseñar y proyectar la imagen deseada, según cada persona y circunstancia. La reputación de la mujer despierta nace del contexto de coherencia que ella maneja como campo de trabajo fundamental; ella sabe que su deber es vivir bien, sin embargo, su definición de vivir bien es personal, exclusiva y puede ir variando con el tiempo. La mujer despierta posee un atractivo especial por el magnetismo que irradia, esta vibración poderosa no se basa en encantos físicos sino en una actitud ante la vida. La mujer despierta incluso es amiga de la inseguridad, después de constatar que en esta vida lo único seguro es la muerte.

Nunca juzgues a los demás por su apariencia, esto es apenas una fiesta de disfraces o en el mejor de los casos una estrategia alineada en la perspectiva de lograr determinados objetivos. Medita al amanecer, atraviesa el día en placentera autoobservación, concluye el día reflexionando, evaluándote, date cuenta cómo estás usando tu energía, las emociones predominantes, la validez de tus decisiones, de esa manera podrás hacer los ajustes necesarios y convertir tu vida en una obra de arte. Sé impecable, la vida es peligrosa para quien está dormida, el tiempo no perdona a quienes demoran en identificar las oportunidades y convertir el paso del tiempo en crecimiento. Tampoco te juzgues por errores del pasado sólo aprende y crece, sé autocrítica contigo y cultiva un pensamiento crítico con los demás.

Niégate a ser parte de una masa anónima, sé experta en pasar desapercibida y cuando sea preciso, llama la atención sin que el qué dirán te frene. Cuando persigas un objetivo, persíguelo con sana obsesión; cuando dejes algo, que tu manera de renunciar sea placentera y total, pasa la página, conserva un buen recuerdo, pero enfócate en el presente, nunca permitas que el pasado lo contamine el arrepentimiento, es antiestrategia de mujeres débiles. Es deber tuyo crecer hasta lograr el punto del amor incondicional, entonces estarás protegida, mantén tu paciencia en buen estado físico y espléndida tu solidaridad. Pasa desapercibida cuando sea necesario y llama la atención cuando corresponda, juega sin temor el juego sagrado de la vida, aquí no hay nada que perder, excepto la vida misma cuando no te atreves a vivir.

La vida requiere que uses constantemente una gran creatividad, la vida es un juego de alertas y silencios, de aprendizajes y agradecimientos; es una proeza permanecer atenta al presente sin distracciones, vigilando que la vida no transcurra en vano. Ten cuidado con los mediocres, disparan con facilidad frases lapidarias, envenenadas con envidia; haz como el torero, esquiva los ataques y gánate el respeto de los demás. Los niños juegan en serio, aprende de ellos, no tomes en serio los problemas y asigna a cada situación la importancia que tiene, no más ni menos, sólo lo justo para que se convierta en aprendizaje. Inventa nuevas soluciones para los problemas de siempre, recuerda que sin creatividad la vida termina en gris existencia.

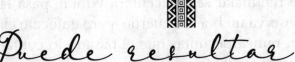

Puede resultar extraño que un hombre hable de energía femenina. Soy de los Andes, cerca de la selva, soy de otro tiempo, de otro paradigma; en mi mundo la esperanza está saludable y el optimismo no se agacha cuando llegan los problemas. Mi bisabuela me devolvió la salud y la vida, en rituales ancestrales que ningún médico supo desentrañar; mi abuela me enseñaba con su ejemplo el sagrado ejercicio del amor incondicional; crecí viendo a mi madre hablar con los árboles, una maestra; en la selva me enseñó el valor de la inocencia. En mi juventud fundé una comunidad chamánica, desde donde recuperamos la sabiduría ancestral; más de ocho mil mujeres en casi tres décadas constituyeron lo fundamental de mis aprendices. De ellas, y de mi trabajo interior aprendí lo que ahora comparto contigo. Tal vez esto podría ir al inicio.

Si no sabe volar, puede aprender a hacerlo y a descansar de cadenas, a quitarse el hollín de la autorepresión, a abrir otras puertas y, abandonando la miseria existencial, convertirse en una mujer guerrera. No es fácil, no es difícil, todo comienza reconociéndose en los detalles, atrapando los instantes y convirtiéndolos en joyas. Aprender a vivir es inyectarse entusiasmo y con desbordante alegría, situarse por encima de la mediocridad. El juego de la vida te necesita con alas, preparada para todo, convertida en guerrera implacable. Nunca es demasiado tarde ni demasiado temprano para realizar el aprendizaje de la vida plena y cuando ello ocurra, te ganarás respeto y rechazo, envidia y calumnias, son parte del camino, disfrutar incluso de ello, es parte del menú de toda guerrera.

Lo que tengas que hacer, asegúrate que esté bien hecho y, además de ello, que se sepa oportunamente. La mujer en este tiempo requiere levantarse, salir de roles secundarios y, simultáneamente, rodearse de una zona de misterio. Delega lo que puedas delegar, mas nunca el poder; reserva para ti lo que conviene que tú hagas para dejar tu rúbrica, esa huella tuya desde la cual se sabrá de tu paso por la vida. Aunque tienes el derecho de cometer tus propios errores y aprender de ellos, es mejor aprender de los errores de los demás, así ellos terminarán sacrificándose por ti, sin saberlo. Conviértete en maestra, en estratega y en experta en improvisación, tú puedes ser la alquimista que transforma lo inferior en superior y la artista que convierte hasta la basura en obra de arte.

No hay sitio suficiente para más infelices. Ella se agacha para adaptarse a las circunstancias, la otra va por la vida arriando su resignación, la madre nunca conoció el orgasmo, la abuela se pasó la vida coleccionando malos recuerdos; ya no hay sitio en la vida para más mujeres durmiendo. Ten iniciativa, hazte cargo de tu vida, mira en perspectiva, contempla de reojo las consecuencias; sólo paga los precios que te convengan, no confundas acción con agresividad, conserva la iniciativa, deja que las dormidas coleccionen insectos en sus elementales telarañas, reserva tu energía para grandes desafíos, mantén el control de tu poder y haz que suceda lo que quieras que suceda.

Si reaccionas con enojo, dilapidas valiosa energía; si te complicas con los imprevistos, derrochas valiosa energía; si te afecta la opinión pública, pierdes energía que luego te hará falta; si transportas miedos y prejuicios, te desenergizas; si te reprimes y aguantas las ganas de hacer lo que sueñas, te traicionas a ti misma. Abalánzate sobre tu existencia y atrapa tu vida, es tu oportunidad evolucionaria, toma toda tu energía y dirígela a tu crecimiento placentero. Quien no hace lo que ama se castiga, quien no disfruta de lo que hace se odia a sí misma, esto quizá no sea consciente pero en el fondo es lo mismo, es parte de un programa para mantenerte domesticada, anclada a una mediocridad normalizada, digna para mujeres que hicieron de la infelicidad su opción.

La mujer no nace, se hace y se hace poco a poco. El primer paso es la desintoxicación ideológica, esa necesaria purificación que le permita darse cuenta de todas las mentiras inyectadas en su mente vía educación y religión. Este proceso requiere de extensas jornadas educativas que incluyen la construcción del aprendizaje; esa mujer disponible, con la mente abierta y la alerta desplegada a todo lo ancho de su vida. La mujer al construirse se despierta, al despertar descubre la vida, su misión y el potencial para llevarla a cabo. No es cuestión de tiempo, la construcción de la mujer requiere atravesar diversos procesos iniciáticos en los cuales ella muere y renace varias veces. Lleva adelante este proceso a ojo cerrado y el naufragio de tu existencia habrás evitado.

Mientras construyes la guerrera pasará un tiempo y diversas pruebas. No te preocupes, empero, deberás controlar la situación y que ella ocurra en tu territorio. Tu terreno es la vida y todas las circunstancias que incluye. Puedes salir corriendo mientras no olvides tus objetivos, puedes ponerte fuerte sin llegar al enojo que es amigo del descontrol, puedes pisar fuerte cuando tengas claro que es el momento de hacer lo que tienes que hacer. La guerrera sabe cuándo acercarse, cuándo retirarse, cuándo hablar, cuándo callar, sabe cuándo avanzar, cuándo detenerse. Mientras te construyes evita los incendios y los conflictos que te saquen de tu centro; primero, fortalece tus raíces y que el color de tu piel refleje lo que tu alma transporta.

No pierdas tiempo intentando convencer, usa el argumento irrefutable del ejemplo, es simple y directo; demuestra lo que sabes, lo que crees, lo que estás dispuesta a hacer, desgrana todo lo que tengas para decir, guarda lo que está reservado para ti, recuerda que la palabra dicha es irrecuperable, que hay frases que levantan polvo, que algunas frutas son ácidas, que la vida incluye de todo y que es preciso estar preparada para todo y todos. Algunas lealtades devendrán en traición, otras amistades serán corroídas por la envidia, no te preocupes, si despiertas, no tendrás tiempo para aburrirte. De regreso cada noche a tu refugio, sobrevuela todo lo vivido y extrae las mejores enseñanzas, eres libre, mas no para perder tiempo ni malgastar tu energía.

No necesitas enfurecerte para sacar tu fuerza, ella será más fuerte en un estado de emociones controladas; la fuerza bruta es monopolio de los animales, la fuerza femenina de la mujer despierta es sutil y poderosa, invisible y letal.

Evita enfurecerte, en especial cuando te sientas incomprendida, perseguida, difamada o acorralada; en situaciones como esas, respira profundo, recuerda que eres una guerrera, que no tienes nada que perder, excepto lo que no es realmente tuyo. Habrá trampas y cazadores pero tú conserva tu centro, ahí está tu fuerza para surfear tsunamis. Tu cuerpo tiene un magnetismo especial cuando está despierto, tu energía estará protegida si estás en tu sitio con la actitud adecuada para permanecer despierta, sólo bastan tus alas y esa confianza en ti, porque tú eres lo mejor que tienes.

Paséate por la vida sin miedo ni dependencia, juega el juego sagrado sin más motivo que el placer de hacerlo, en ese proceso irás comprendiendo la misión por la que viniste a la tierra. Todos los caminos son resbaladizos para quienes no aprendieron a volar. La guerrera hace lo que tiene que hacer, hace que ocurran las cosas, incluso puede forzar que otros se acerquen o alejen, que se sientan ridículos o piden disculpas, ella sabe cómo inducir a que otros se observen y se trabajen. Paséate por la vida confiando en ti, eres lo mejor que tienes desde que te despertaste; que el calor de tu presencia tenga el perfume infinito de quien va por esta existencia invitando a los demás a enamorarse de la vida en su versión plena.

Es un problema que la mujer pase sus días durmiendo, que agote su vida sumergida en un sinsentido existencial, pensando que la vida es sólo nacer para reproducirse y luego de ejercer el rol maternal, dejar que el alma se pudra. La mujer que está dormida y tiene buena memoria, sufre más aún, porque recuerda todas sus cicatrices y transporta quejas, en cada una de sus células hay huellas de sufrimiento. Despertar incluye una discusión con uno mismo, para luego de acumular ganas comenzar el proceso transformacional sin pedir permiso ni dar explicaciones a nadie. Demuestra tus cambios sin esperar nada, demostrar a menudo ni siquiera incluye palabras, arranca tu existencia del vacío, reforesta tu consciencia y llénala de pura vida, pase lo que pase.

Identifica todos los aspectos perjudiciales e innecesarios que hay en ti, sé autocritica sin llegar a juzgarte, ten un estilo de vida tan evidentemente claro que hasta tus críticos y detractores se admiren de la consistencia de tus pasos. Busca siempre tener claro tu enfoque, lograr tus objetivos, encontrando para ello la manera más rápida, más creativa o que te deje más enseñanzas. A veces la rapidez es inversamente proporcional a la profundidad que nunca deberás sacrificar. Ayer vi a una mujer cruzar la calle tambaleándose de infelicidad; hace poco cruzó delante de mí otra mujer, carecía de vida. Desinfecta tus heridas emocionales, descarta la víctima y recorre todas las posibilidades de la vida, no te prives de nada bueno, no desperdicies ninguna oportunidad.

Ahorrar energía es un atributo de mujeres inteligentes. Se puede ahorrar energía evitando conversaciones frívolas, amistades negativas, influencias perjudiciales, conversaciones innecesarias. Ahorra tu tiempo, en verdad no es el tiempo el que pasa, eres tú, en marcha irreversible al olvido. Manejar bien las emociones es otra forma de ahorrar energía, llegar al punto en que nadie te ponga mal contra de tu voluntad, si decides enfadarte eres libre de hacerlo, pero que sea decisión tuya, no de personas o circunstancias ajenas; no tener capacidad de controlar y canalizar las emociones, sin llegar a reprimirlas, es de las peores maneras de perder energía, que luego será escasa a la hora de dinamizar tu crecimiento. Vístete de esplendor y recorre toda tu geografía vital sin complejos.

Tenía que encontrarla y, finalmente, al lograrlo ella estaba muerta; su cuerpo caminaba, era educada pero sólo transportaba información, carecía totalmente de conocimiento y sabiduría, no se había enterado siquiera, por lo cual, un día, hace ya tiempo, se le había muerto el alma. Lo que encontré en ella era una colilla de su vida descuidadamente guardada en la caja de un día cada día, tiempo desechable que no sabía cómo usar. Si por lo menos se rodeara de gente feliz, hasta podría contagiarse algo de ese superior estado del ser; el resto, lavar la vajilla interior tratando de desinfectarse de toda forma de contaminación ideológica que le hizo pensar que la vida era sólo estudiar, trabajar, comer y descansar. Guarda estas palabras y apúntate a la fiesta de la vida sin demora.

A través de la vida es posible conocerse, reconocer lo que veníamos trabajando, liberar el potencial que cada uno tiene y cumplir nuestra misión. En este sagrado itinerario es preciso acercarse a determinadas personas y alejarse de otras, extraer enseñanzas de cada uno y evitar a otros, todos tienen un lado positivo; sin embargo, el tiempo de aprendizaje deberá ser breve y natural, algunos conocimientos parecerán contagiarse. Sin dejar de ser la aprendiz ideal, organiza tu vida para estar rodeada de gente inteligente, de gente feliz, de personas exitosas y realizadas, de gente con sabiduría y de la que podrías aprender e inspirarte. El aire que respiras te nutre, las amistades dejan semillas en el jardín de tu corazón, recuérdalo.

Si por el contrario te rodeas de personas que están mal, de gente que tiene defectos parecidos a los tuyos, estarás fortaleciendo lo que deberías transformar. No puedes dar lo que no tienes, es más inteligente encontrar personas mejores que uno, así tendrás aprendizaje inédito a mano; ten también aliadas que sean confiables, no es bueno ir por la vida cuidándose de todos. Evita compañías cercanas negativas, gente que sea peor que tú, si quieres puedes ayudarles, pero ello será siempre algo puntual y breve; el resto, rodéate de seres que te inspiren y motiven, gente con silencio elocuente y palabra de fuego, mujeres que palpitan vida y exhalan confianza en ellas mismas, sin caer en la soberbia. Cultiva las mejores flores en el terreno de tu vida, para el resto, sé solidaria y cuando sea necesario solitaria.

Más vale tomar las riendas de tu vida en tus manos, arreglar tu existencia de tal manera que camines rumbo a tus mejores sueños. No será fácil, no será difícil, simplemente haz lo que tengas que hacer. La infelicidad permitida es una agravio contra ti misma, no tienes derecho a ser infeliz, en realidad la infelicidad no es parte de ningún plan, es sólo una distorsión, un descarrilarse por iniciativa propia y con apoyo externo. Convertirse en guerrera es hacer con tu vida lo que quieres desde la lucidez y hacer que los demás sean influidos por ti, incluso sin que se den cuenta. Recuerda que tu despertar te hará invencible, profunda como la noche, descomplicada como el agua. Despertarse es hacer las cosas más fáciles, porque en una vida tan breve complicarse es un boicot existencial.

Te propongo que después de llenarte de ti misma, después de recuperar tu poder para extender tu soberanía existencial a lo largo y ancho de toda tu frontera, te conviertas más que en necesaria, en imprescindible. No importa dónde estés ni a qué actividades te dediques, se trata de valorarte y hacerte valorar, en evitar convertirse en descartable, de tal manera que sea imposible cambiarte por otra persona. En esta época hay mucha gente para todo, diferénciate del resto, apártate del rebaño, no seas parte del montón donde todos son iguales y por tanto sustituibles unos por otros. Conócete, maneja tus emociones, desarrolla tus habilidades, lo que hagas, que siempre esté bien hecho; la ternura será el contenido de fondo y tu mente abierta el pasaporte de tu creatividad.

En caso de encontrarte de frente con la vida, dile que la valoras, que estás aprendiendo a amarla, que la necesitas, que es única en su diversidad. Dile también que anhelas profundizar tus raíces sin generar apego a una vida que tiene un carácter fugaz, que quieres crecer, florecer, dar frutos y pasar inadvertida, a veces, y otras llamar la atención, para dejar el mensaje invisible que transportas. Dile que no necesitas murallas de miedos, que elegiste trabajar tus puntos débiles y ampliar tus límites y aprender de todo lo que te pase y disfrutar de todos y cada uno de los procesos vivenciales que te toque vivir. Susúrrale al oído que estás dispuesta a todo lo que sea necesario con tal de cumplir la misión por la cual viniste a la tierra. Dile que cuenta contigo, para todo.

No parecía que estaba viva, sin embargo, al contemplarla de cerca, su alma agonizaba en crónica ignorancia inducida. Nadie le había visto cantar hace años, tampoco se sabe si alguna vez bailó, los orgasmos fueron sólo una palabra que evitó cuidadosamente pronunciar. Tantos años, tanta represión; las noches eran un territorio desagradable, los días rutina desabrida que se repetía incansablemente; hasta ese día, en que ella accidentalmente escuchó una conferencia donde le dijeron: "LA VIDA ES OTRA COSA". Desde entonces, vio crecer un fuego indetenible, unas ganas de gritar, de saltar, de romper prohibiciones y hacer de su vida una aventura lúcida. Desde entonces, pobló su vida de sueños y su sombra se pintó de arcoíris para celebrar el renacimiento a la vida.

No sigas el camino de la mayoría, la felicidad es un ave que se posa en vidas exclusivas, al borde del atrevimiento, en los terrenos donde prolifera el autocontrol y da frutos de libertad. No necesitas saber muchas cosas, sin embargo, resulta imperdonable que no sepas qué hacer con tu vida. Tampoco puedes permitirte no saber el curso de tu existencia; el rumbo y los objetivos deberán ser parte de un plan elegido por ti. Al principio, si es necesario, intenta sobrevivir sólo temporalmente, luego, apunta a la vida que sueñas; los sueños definirán tu norte, la manera de obtenerlos, tu estilo de vivir. Nunca olvides los principios que regulan tu proceder ni las excepciones que a veces son necesarias sin caer en incoherencias. Contradecirse temporalmente sólo es admisible si es parte de una lúcida estrategia.

¿Habitas tu vida completamente? ¿Eres tú lo mejor de ti de principio a fin? ¿Están unidos con hilos invisibles todos los aspectos de tu vida en un creativo mandala donde el centro es el eje, tu zona de poder donde instalaste la gerencia de tu vida, esa desde la cual garantizas calidad existencial? Si es así, sólo falta cuidar algunos detalles: descarta viajar con soberbia, la humildad es la mejor tarjeta de presentación; elimina todo vestigio de resentimiento que desenergiza y contamina tus cuerpos energéticos.

Elimina también de ti los miedos, ningún miedo es necesario, pero si queda alguno pequeño, mientras no te interfiera en lo que decidiste hacer, ignóralo. Asegúrate de ir ligera de equipaje por la vida, esta tiene que parecerse más a una fiesta.

La vida que ocultabas tras una aparente normalidad, quedó al descubierto, no es recomendable el autoengaño, no es estético ni saludable. Haz nacido a la vida en secreta misión, para subir escarpadas montañas de pruebas, es tu experiencia; la consecuencia de ello es la evolución de tu consciencia, así se mueve el Universo que también eres tú. Alcanzar la cima es llegar al punto de darse cuenta y, al instante, obtener la visión y con ello la comprensión de tu paso por la escuela de la vida. Requerirás toda tu voluntad, tu alerta sereno y esa imperturbabilidad que hará de ti una guerrera. Hasta la fecha, no se sabe de ninguna guerrera que haya nacido como tal, ella precisa construirse, incluso quienes tienen bastante trayectoria hecha, multiencarnacionalmente hablando, requieren germinar sus potenciales y determinadas condiciones para ello. Asegúrate tener eso para ti.

Sólo hay una vida en esta vida con estas características, hay una historia, habrá un futuro, pero por ahora es sólo esto e incluye muchas cosas. Deberás conocerte al punto de poder manejar tu energía y ser imperturbable a las cambiantes condiciones del entorno, es preciso que tengas claro lo que tienes que hacer, me refiero a la misión, la profesión es apenas su complemento para atender necesidades básicas; recuerda que nadie vino a este plano por razones secundarias, ésta es una misión evolucionaria y cada una debe encontrar la manera de lograrlo. Es preciso que te conozcas, para ello usa la herramienta de la meditación todos los días, la reflexión para darte cuenta y la autobservación para vigilar tus pasos.

Nadie será impedida de malgastar su energía, ni derrochar su tiempo, ni desaprovechar esta encarnación. No recibirás aplausos cuando decidas transformar tu vida ni tocarán las campanas de la iglesia cuando despiertes; todo esto será silencioso como el amanecer, después, es probable que lleguen algunas pedradas y la incomprensión, sigilosa como una serpiente, intentará por los intersticios de la duda inyectarte su veneno. Sin embargo, la primavera de tu existencia estará garantizada si no bajas la guardia, celebra tus victorias de transformación pero no bajes la guardia, prepárate para todo, en especial para las sorpresas que vendrán, no de tus enemigos, sino de la gente que amas. Es posible que desde la familia salgan las pruebas más duras. Hazte fuerte con ellas.

Quiero recordarte que eres una mensajera, que de manera paralela a tu evolución consciencial precisas compartir un mensaje, el mismo que está transformando tu vida, es la manera femenina de la solidaridad, las mujeres no crecen solas, forman círculos femeninos para cantar y danzar, para acariciarse las alas y encender Lunas llenas, en las cuales realizar rituales iniciáticos que inaugurarán nuevos amaneceres. Quiero recordarte para que sin demora, si aún no lo tienes, construyas tu Klan de la Luna, ese círculo femenino sagrado, esa tribu de mujeres con alas, cómplices de crecimientos y otras tareas invisibles. Las mujeres despiertas se reconocen por la mirada, al profundizar las experiencias descubrirán que tienen alas sedientas de mayores vuelos.

Con sagrada habilidad, organiza tus intenciones en primera fila, enfocadas en tus mejores objetivos; a continuación, envía a tus emociones, usa collar y correa para algunas, ninguna deberá darte una sorpresa ni actuar por cuenta propia, las tropas en combate son exitosas cuando siguen directrices definidas. Prepara tu cuerpo para el combate del día a día, deberás mantenerlo ágil y flexible, sano y fuerte, es otra herramienta fundamental para el cumplimiento de tu misión, la cual será precedida y a menudo acompañada de batallas previas y paralelas, en realidad, son pruebas para fortalecerte. El resto, convertirte en experta en relaciones interpersonales lúcidas y una fortaleza espiritual que permita a tu consciencia crecer con todo lo que te toque vivir.

Si quieres descifrar tu vida deberás hacerte amiga del silencio, volver líquida tu existencia, así podrás tener la forma de la circunstancia en la que te encuentras sin traumatizarte ni tener complicación alguna. Si tropiezas, levántate, pero nunca sin haber aprendido la lección, de esa manera no volverás a cometer el mismo error, la mayoría de los errores hasta pueden ser positivos si no los vuelves a cometer. Ser mujer es un desafío permanente de creación y crecimiento, los medios pueden ser variables, desde rituales hasta juegos de seducción, pasando por desafíos laborales y experiencias conyugales, todos son escenarios aptos para crecer. Sin embargo, no necesitas cometer algunos errores, deja que los peores los cometan otros y aprende rápidamente de ellos, recuerda que cada error incluye efectos colaterales, algunos, son tan caros que no conviene pagarlos.

Quizá tengas que comenzar arañando el pensamiento convencional y pateando la rutina, reconstruyendo un nuevo paradigma y aprendiendo a vivir de otra manera. Al interior de ello, asegúrate de mantenerte cerca de la Madre Tierra, ella es fuente de energía además de recurso purificador. Camina descalza sobre la tierra, sin rumbo, el objetivo es la experiencia misma, medita acostada sobre la epidermis telúrica, con la cabeza al Este o permanece de pie sintiendo la brisa resbalar por tu piel, sintiendo como te crecen raíces. Todos somos Tierra que camina pero la mujer es más Tierra. Desde que te despiertas eres una parcela de Universo donde puedes cultivar las más hermosas experiencias transformacionales.

Nos diferenciamos de los animales por nuestra gran capacidad creadora, por la consciencia que nos permite darnos cuenta de lo que somos y por esa libertad que nos permite ir más allá de nuestros genes, por eso tú puedes ser lo que sueñas. La mujer despierta puede llevar todo esto a niveles superiores creciendo indetenible, encontrando nuevas maneras de expresar su creatividad y poniéndola al servicio de su realización personal. Diséñate un estilo de vida creativo y de creciente felicidad, no dejes de transformarte, así no sólo te vuelves impredecible sino también imposible de catalogar y atrapar.

Adáptate pero sólo por estrategia, a veces conviene esperar pacientemente, otras veces, la impaciencia es preferible y, con ello, crear las condiciones que otras esperan en vano.

Adaptarse es no complicarse, adáptate sin dejar de ser rebelde, adáptate desde tu disidencia, desde esa postura crítica que te permite ser tú misma, adáptate sólo para no complicarte, sin olvidar que la guerrera no se adapta, cambia ella y en gran medida las circunstancias adversas. Es vigilante, minuciosa de sus propios pasos, ella quiere estar segura que está dando el paso exacto en el momento justo; es implacable con su pasado, luego de extraer la enseñanza necesaria lo abandona al olvido más riguroso. La guerrera nunca transporta culpa ni arrepentimiento, nunca juega el rol de víctima, tampoco le atrae actuar como verdugo. Ser guerrera es tatuarse el alma con ternura y paz, vestir alas y no confundir sus objetivos.

Sorprende, impacta, haz lo que otras no se atreven, muévete siempre al interior de una estrategia, incluso cuando toca improvisar, que ello esté previsto y tu espontaneidad salga a galope cuando corresponda. Da más de lo que los demás esperan de ti, no busques comprensión, al contrario, ser incomprensible es una manera de protegerse. Sé prudente y atrevida, no dejes huellas y examina bien cada situación, no gastes tu energía corriendo tras objetivos erróneos ni permitas que lo urgente te haga perder de vista lo importante. Piensa circularmente, el tiempo fluye cíclicamente, deja lo lineal para quienes insisten en permanecer dormidos. Mira a todas partes, mantén tu ritmo, tu norte, no importa lo que ocurra a tu alrededor, haz lo que tienes que hacer, pero disfrutando y aprendiendo.

Ahora el tiempo

se desplaza más de prisa, éste es un PACHACUTY femenino, un ciclo donde la mujer está privilegiada y en condiciones óptimas de dinamizar su crecimiento. Las calles del presente son oscuras, hay mucha información y poca sabiduría, casi todos los caminos están salpicados de pistas falsas, hay mujeres que confunden su rostro con la máscara que usan y pasan la vida sin saber lo que realmente son, sin cumplir la misión por la que llegaron a la tierra. La mayoría de tus planes, mantenlos en altos niveles de confidencialidad, visualiza cada día como un río pedregoso donde tendrás que ser experta en fluir, reconcíliate con la inseguridad y acepta que todo cambia, que él puede un día marcharse o quedarse definitivamente y de antemano tú no sabrás qué fue peor.

La vida tiene sus ritmos y procesos, tu vida al interior del flujo de la existencia colectiva tiene lo específicamente tuyo. Es necesario que conozcas todo sobre ti, que identifiques debilidades y las trabajes sin demora, que encuentres tu ritmo y fluyas en él. Tu ritmo es la dinámica existencial en la cual suceden cosas relevantes con el menor gasto de energía, encontrar tu ritmo es el antídoto contra la pérdida de tiempo. Es peligroso ir más rápido de tu ritmo, es suicida ir más lento; estabiliza tu ritmo y fluye como precisas hacerlo, sin prisa ni pausa y disfrutando todo el proceso. Hay quienes llaman a encontrar su ritmo buena suerte, llámalo como quieras, pero avanza indetenible incluso cuando estés descansando.

Saber cuándo detenerse es una característica de la mujer guerrera; los objetivos están claros, las maneras son las adecuadas, el ritmo ya fue comprendido, la siguiente enseñanza es saber cuándo detenerse. Es importante considerar este punto porque es más fácil lograr la cima que saber detenerse en el momento preciso. Nada fracasa tanto como el éxito y a menudo esto ocurre porque la gente, cuando le va bien, no sabe cuándo detenerse; ir demasiado lejos puede ser una modalidad distinta de fracaso. Mantén lo planeado, evita la tentación de ir más allá de lo que establece tu estrategia, improvisar es bueno pero no siempre, aprovechar las oportunidades es excelente, pero algunas veces es dar un paso adelante cuando estás al borde de un abismo.

Tener éxito a costa de descuidar la salud, de quedarse sin tiempo para hacer lo que amas o estar con tu gente es un fracaso que, más adelante, recién podrás ver de cuerpo entero. La mujer despierta con frecuencia revisa sus planes y procedimientos, como el leñador que periódicamente se detiene para afilar el hacha, la guerrera nunca separa la teoría de la práctica. Teoría es la reflexión de lo que estás haciendo mientras estás actuando; práctica sin teoría es acción ciega, teoría sin práctica es autoengaño lamentable. La ignorancia es insípida, específica y gris, contempla la vida de manera integral, sopesa los efectos colaterales, escudriña el momento propicio, mide tus logros en calidad de vida y crecimiento consciencial indetenible.

La sabiduría no pesa porque viste el liviano traje de la humildad, excelente camuflaje para mujeres despiertas. La guerrera pasa desapercibida, su silencio es elocuente y su belleza interna; su presencia tiene una intensidad existencial incomprensible, no se siente superior ni inferior, es simplemente ella, poderosamente ella misma; el escudo del humor la protege de la envidia que, sin embargo, agradece porque es un reconocimiento de su implícita superioridad. Su fachada es imperturbable, se basa en la seguridad en sí misma, es impermeable a los elogios y críticas pero agradece la enseñanza y todo aquello que le hace más fuerte. Si tropieza y cae sabe cómo hacerlo y jamás culpa a otros de lo que le pasa.

Demasiadas mujeres están luchando y bastante bien en una trinchera equivocada. El principal problema es que les está yendo bien, en términos parciales, es decir externos, a menudo estrictamente financieros; la mujer que reduce el éxito a temas económicos, banaliza su existencia y frivoliza su vida. Si sólo crece tu cuenta bancaria y no tu consciencia, estarás caminando por un desfiladero peligroso, porque no sólo eres cuerpo, ni puedes olvidar que el dinero no sirve para comprar lo más importante de la vida. Evita la tentación de intentar parecer mejor de lo que eres, directamente sé mejor y tu energía hablará por ti. No hay mejor currículum que la vibración que tenemos en cada momento, evita parecer perfecta, libre de errores, así adelgazarás la masa de envidia en contra tuya.

La vida subterránea está recomendada, la gente y en especial las mujeres son entrenadas para la infelicidad y las tareas secundarias, hay mujeres que olvidan la misión que tienen y se limitan a dar vueltas como la tierra o ingresan en un laberinto de problemas que les consume todo su tiempo. Aprende del resto, no te limites a hablar del cambio ni desear una transformación, lo que puedas cambiar de manera repentina y sorprendente, hazlo, después de medir efectos colaterales; cuando sea necesario, realiza cambios paulatinos y demuestra los resultados de ello gradualmente. No importa lo que digan los demás, elige qué cambiar, cuándo y la manera; sin perder de vista las reacciones en contra, algunas ausencias y el costo global de esa decisión.

Para estar segura de una buena decisión, primero realiza una rigurosa caracterización de la coyuntura existencial en la que te encuentras en este momento. La coyuntura, es el momento justo en que estás en este momento; cada coyuntura tiene sus características que no repiten situaciones del pasado y serán distintas del futuro, conocer nítidamente el escenario en que te encuentras, te permitirá tomar mejores decisiones. Junto con ello, usa tu razón y tu intuición, las mejores decisiones no son sólo racionales y al ser mujer, esto es aún más importante. Lleva a meditación la pregunta en cuestión, luego instantáneamente despeja tu mente y la primera respuesta que aparezca, antes de cualquier pensamiento, podría ser un ingrediente fundamental para una buena decisión.

Despierta!, ya amaneció él tiempo para la mujer despierta, el pasado acaba de marcharse, vio dar vuelta en la última esquina al futuro y salió corriendo. Es mejor así, quien no cumple los requisitos evolucionarios, al marcharse no deja vacante. Al principio, la habitación de tu vida te parecerá más oscura, quizá se despliegue contra tu voluntad una resbalosa incertidumbre, no te preocupes, identifica los elementos principales de tu vida y con ellos construye la vida que sueñas. El primer paso es aprender a ser feliz sin motivo, estar viva es suficiente; el segundo, es aprender a amar, ese amor incondicional reservado a quienes están creciendo; el tercero, es la libertad que emana de la reducción de necesidades innecesarias, la libertad es el escenario donde crece la autenticidad y, con ella, la posibilidad de ser tú misma.

La vida está en marcha y podría irse sin ti. El aroma de este mensaje se mantiene, quizá sea el eslabón que te faltaba para dar un salto en tu evolución consciencial, sólo tienes que mantenerte despierta el resto del día, sólo hoy y eso repetírtelo cada día al abrir los ojos. Puedes completar las cinco columnas sobre las que se estructura una vida digna, aprendiendo a estar en paz, recordando que ella procede de haber aprendido a ser feliz, a amar y ser libre. Completa tu reconstrucción con el aprendizaje de la salud, toda mujer tiene que ser experta en salud, porque es posible vivir sin enfermarse, es posible lograr edades avanzadas con el cuerpo sin dolores ni enfermedades. Aprender a vivir incluye esos cinco aprendizajes, con ellos podrás regalarte una vida digna.

Lo económico es un recurso manipulador por excelencia. Si vives sola, la soberanía financiera es fundamental, te dará capacidad de autodeterminación y la posibilidad de hacer realidad, desde lo concreto, la vida que sueñas; si tienes pareja, realiza un acuerdo que te evite exigencias y condiciones que interfieran en tu proceso de crecimiento. La prosperidad integral comienza garantizando calidad de vida, preservación de tu crecimiento interno y la posibilidad de autenticidad. Fíjate cómo el dinero no sirve para comprar los cinco pilares con los que organizamos una vida digna: no se puede comprar felicidad, sólo una alegría que desaparece más pronto que tarde; tampoco es posible comprar amor, sólo placer mercenario; no se puede comprar libertad, ni paz interior, ni salud, ¿te das cuenta que la prosperidad es mucho más que tener dinero?

Éste es tu tiempo, tiempo para entreabrir los párpados de tu conciencia y desatar la cabellera de tu libertad. Ha pasado la noche, sólo precisas encender la lámpara de tu conocimiento, es real, la oscuridad de la manipulación se desvanece, precisas despertar y con ello, dar una lección de dignidad, reinventando tu vida, neutralizando indirectamente todo intento de controlarte, enamorándote de la plenitud y demostrando con tu propia actitud que estás dispuesta a hacer de tu vida una obra de arte evolucionaria. Al principio, aparenta que no pasa nada y cuando tengas la fuerza para atravesar los túneles de incomprensión, declárate feliz, toma las riendas de tu vida en tus manos y sin más camuflaje, haz lo que tengas que hacer, disfrutando de todo el proceso.

Esta obra se terminó de imprimir
en abril de 2019, en los Talleres de

IREMA, S.A. de C.V.
Oculistas No. 43, Col. Sifón
09400, Iztapalapa, D.F.

Si este libro te ha interesado y quieres conocer otros libros de
Chamalú sobre diferentes temas, así como CDs de conferencias,
meditaciones y audiolibros visita la página www.chamalu.com
donde encontrarás toda la información y la forma de adquirir
este material.

e-mail: info@chamalu.com
www.chamalu.com